인물, 역사, 철학, 명작으로 보는

초보자를 위한 페미니즘

Original title: FEMINISMO PARA PRINCIPIANTES (COMIC)
Nuria Varela & Antonia Santolaya
Koran translation ⓒ Window of Times

인물, 역사, 철학, 명작으로 보는
초보자를 위한 페미니즘

초판 1쇄 2020년 6월 29일 펴냄

지은이 누리아 바렐라
그린이 안토니아 산톨라야
옮긴이 박도란
펴낸이 김성실
책임편집 김태현
표지디자인 채은아
제작 한영문화사

펴낸곳 시대의창 등록 제10-1756호(1999. 5. 11)
주소 03985 서울시 마포구 연희로 19-1
전화 02)335-6121 팩스 02)325-5607
전자우편 sidaebooks@daum.net
페이스북 www.faceook.com/sidaebooks
트위터 @sidaebooks
ISBN 978-89-5940-733-0 (03330)

잘못된 책은 구입하신 곳에서 바꾸어 드립니다.

이 도서는 국립중앙도서관 출판예정도서목록(CIP)은
서지정보유통지원시스템 홈페이지(http://seoji.nl.go.kr)와
국가자료종합목록 구축시스템(http://www.nl.go.kr/kolisnet)에서 이용하실 수 있습니다.
(CIP제어번호: CIP2020022584)

인물, 역사, 철학, 명작으로 보는

초보자를 위한
페미니즘

누리아 바렐라 지음
안토니아 산톨라야 그림
박도란 옮김

시대의창

차례

Índice

제3의 물결

스페인의 페미니즘

인물/명작 찾아보기

모두를 위한 세상의 희망이자
폭넓고 지혜로우면서도
강단 있고 강력한
페미니스트 계보를 이어나갈
젊은 여성들에게

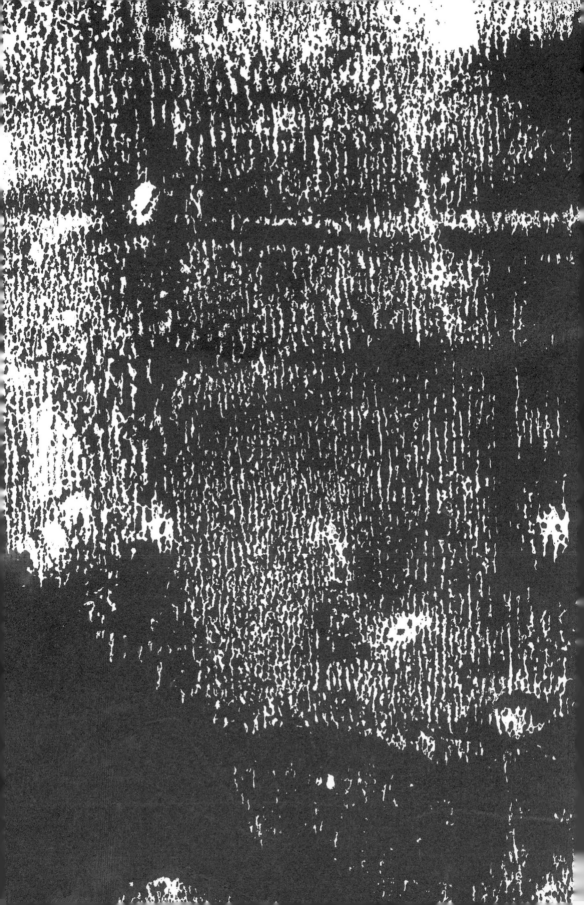

서문

남용의 결과로 생긴 권력은,
결코 영원할 수 없다.
_빅토리아 사우

어제의 급진주의는
오늘의 상식이다.
_게리 윌스

시대와 문화를 막론하고 여성들은 활발하게 사회에 참여하고 권력에 맞서왔다. 그리고 여성들이 젠더를 인식하고 연대하기 시작하자 정치 이론이자 사회운동으로, 집단적이고 해방적인 프로젝트 '페미니즘'이 등장했다. 셀리아 아모로스Celia Amorós가 말했듯이, 페미니즘이 도입된 사회는 언제나 과거보다 더욱 나아졌기에, 페미니즘의 역사는 성공적인 것이라고 말할 수 있다. 3세기 동안 전개되어온 페미니즘은 여성들로부터 권력을 빼앗아 남성을 우주의 중심과 척도로 삼은 지배 시스템을 구축해낸 거대한 거짓들을 파헤치며 세상을 전복시키려 힘쓴 여성들을 기억하려는 역사다. 그리고 역사는 아직 끝나지 않았다.

2000년에 출판된 《모두를 위한 페미니즘El feminismo es para todo el mundo》의 저자 벨 훅스는 다음과 같이 부언했다. "우리는 과거의 기개를 이어받은 근본적이고 대중적인 페미니즘 운동이 절실하게 필요하다." 그의 말은 이 책, 《초보자를 위한 페미니즘》의 정신이다. 이책은 모든 이들을 페미니스트적 시각을 견지할 수 있는 입구로 인도하고자 한다. 그리고 그문을 열어 앞으로 우리가 다녀야 할 새로운 길을 제시하고자 한다. 이 책에서 미처 다룰 수없었던(그 모든 이들의 목소리를 다루려면 백과사전 정도의 분량이 필요할 것이다), 그러나 틀림없이 우리에게 더 정의로운 세계, 지속 가능한 세계, 모두를 위한 세계를 보여줄 더 많은 여성들의 목소리를 계속해서 듣도록 이 책은 우리를 독려할 것이다. 그런 의미에서, 이 책의 목적은 오늘날에도 여전히 묵살당하고 은폐되는 이들의 목소리에 귀를 기울이는 것에 있다.

페미니즘이란 무엇입니까?

페미니즘은 정의에 기반을 둔 정치 담론입니다.

페미니즘은 자신이 살고 있는 세계에서 단지 여성이라는 이유로 차별당하는 현실을 자각하고, 그 차별을 근절함으로써 사회를 변화시키기 위해 연대하기로 결심한 여성들의 정치 담론입니다.

페미니즘은 정치철학이자 사회운동입니다.

페미니즘이 처음 세상에 등장하고 300년이 흘렀습니다. 페미니즘은 정치 이론 위주로 전개되던 시기와 여성참정권 운동을 비롯한 사회운동에 더 중점을 둔 시기로 나뉩니다.

페미니즘은 기존 체제에 문제를 제기합니다

스페인왕립학술원에서 거슬려하는 모든 단어나 작품들과 마찬가지로, 페미니즘 역시 그들에겐 그리 달갑지만은 않은 용어지요. 그 사실을 증명하는 것은 아주 쉬운 일이에요. 그냥 그 단어를 언급하는 것만으로도 충분하지요. 페미니즘이라는 단어를 말하기만 해도 그게 무슨 마법의 단어라도 되는 것처럼 상대방은 바로 얼굴을 찡그리며 난색을 표하고 방어 자세를 취하거나 곧바로 실랑이를 벌이거든요.

왜일까요? 그 이유는 페미니즘이 기존 체제에 문제를 제기하기 때문입니다. 그리고 기존 체제는 철저하게 그것을 만들어낸, 즉 그로부터 이익을 얻는 이들을 위해 세워졌기 때문입니다.

명칭부터 시작해서 이토록 논쟁이 많았던 정치 이론은 없었습니다. 그러나 문제는 명칭이 아니라 그것이 의미하는 바입니다. 그 이름이야 어떻든지 간에, 남성이 여성보다 더 많은 특권을 가져야 한다고 믿는 이들은 계속해서 페미니즘을 논쟁거리로 삼을 것입니다.

보라색 안경

페미니즘적인 담론과 성찰 그리고 행동은 세상을 바라보는 시각, 세계의 윤리, 그곳에서 존재 가능한 양상을 다루는 방법이기도 합니다. 비비아나 에라소Viviana Erazo는 페미니즘이 "수백만 명 여성들의 삶과 환경에서 절대 포기할 수 없는 변화이자, 인류 역사에 있어서 여성들이 집단적으로 이루어낸 위대한 공헌"이라고 말했습니다.

　　페미니즘은 우리의 의식을 파고들어, 개인이라는 개념에 대해 새로운 정의를 내렸습니다. 그리고 이를 토대로 우리가 세상에 존재하는 방식에 대변혁을 일으켰습니다.

　　페미니즘을 자각한 이들은 각각의 삶에서 변화를 맞이하게 되었습니다. 이는 불가피한 일이었습니다.

이제 변화가 시작되었다. 그리고 아무도 이를 막지 못 할 것이다!

13

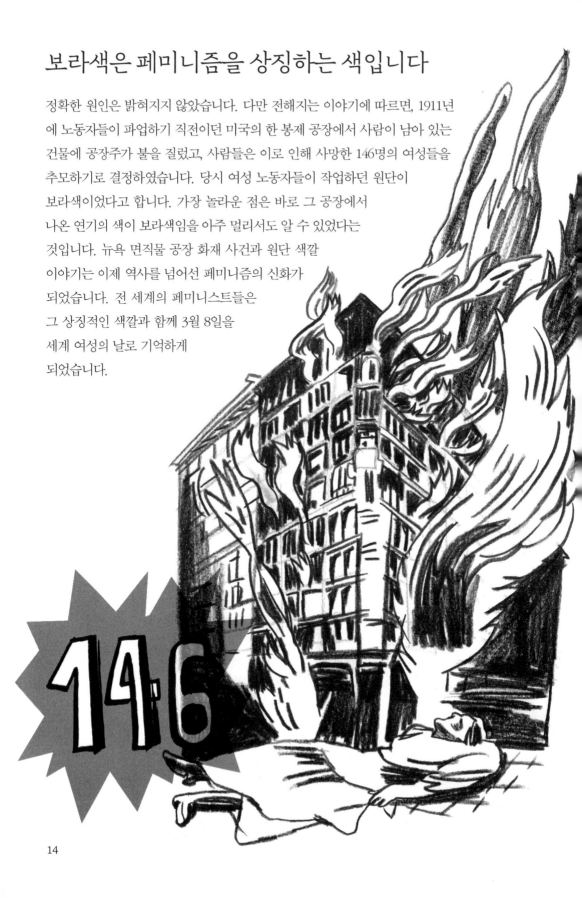

보라색은 페미니즘을 상징하는 색입니다

정확한 원인은 밝혀지지 않았습니다. 다만 전해지는 이야기에 따르면, 1911년
에 노동자들이 파업하기 직전이던 미국의 한 봉제 공장에서 사람이 남아 있는
건물에 공장주가 불을 질렀고, 사람들은 이로 인해 사망한 146명의 여성들을
추모하기로 결정하였습니다. 당시 여성 노동자들이 작업하던 원단이
보라색이었다고 합니다. 가장 놀라운 점은 바로 그 공장에서
나온 연기의 색이 보라색임을 아주 멀리서도 알 수 있었다는
것입니다. 뉴욕 면직물 공장 화재 사건과 원단 색깔
이야기는 이제 역사를 넘어선 페미니즘의 신화가
되었습니다. 전 세계의 페미니스트들은
그 상징적인 색깔과 함께 3월 8일을
세계 여성의 날로 기억하게
되었습니다.

146

페미니즘은 18세기 말에 본격적으로 시작된 사회정치적인 운동이에요. 역사적으로 자본주의가 진행됨에 따라 가부장제 속에서 여성은 남성 집단에 의해 억압과 지배를 받고 착취당하는 인간 집단이라는 점을 깨달은 것이지요. 결국 자본주의는 사회에서 일어나는 모든 변화와 더불어 여성들이 자신의 성적 해방을 위해 행동할 수 있도록 이끌어낸 셈이지요.

빅토리아 사우

---

*   빅토리아 사우Victoria Sau, 1930~2013. 심리학자이자 작가로, 《페미니스트 사상 사전*Diccionario ideológico feminista*》의 저자입니다. 명석하고 주목할 만한 사상가인 그는 학술적 페미니즘의 개념을 만들어냈으며, 2009년에 바르셀로나 시청 여성위원회를 통해 가부장제의 존재를 전 세계적인 차원에서 인식할 것에 대한 성명서를 발표하기도 했습니다.

페미니스트로서의 자부심

페미니즘은 민주주의, 경제 발전, 복지, 정의, 가족, 종교 등 여성이 들어갈 자리는 고려되지 않은 채 전개되고, 가끔은 여성들을 희생시키기까지 하는 모든 기성 주요 이념의 그림자를 비추는 손전등입니다.

우리 페미니스트들은 복종할 것을 강요받는 삶에서 벗어나, 공격받고 희롱당하며 조롱 당할지언정 풍요롭고 민주적인 세상을 만들기 위해 새롭고 혁명적인 문화와 윤리 그리고 사상을 만들어낼 줄 알았던 수백만 명 여성의 후손이라는 것에 자부심을 느끼며 이 손전등을 손에 든다.

파업
소비자 보호

페미니즘

우리는 자부심을 느끼며 손전등을 손에
든다. 왜냐하면 여기에서 나오는 빛은 편
협과 편견 그리고 악폐로 어두워진 방을
비추는 정의이기 때문이다.
우리는 자부심을 느끼며 손전등을 손에
든다. 왜냐하면 그 빛은 이미 오래전에 우
리 여성들 없이는 완성될 수 없는 인간 세
계를 망가뜨려가며 우리에게서 빼앗아간
자유와 존엄성을 가져다주기 때문이다.

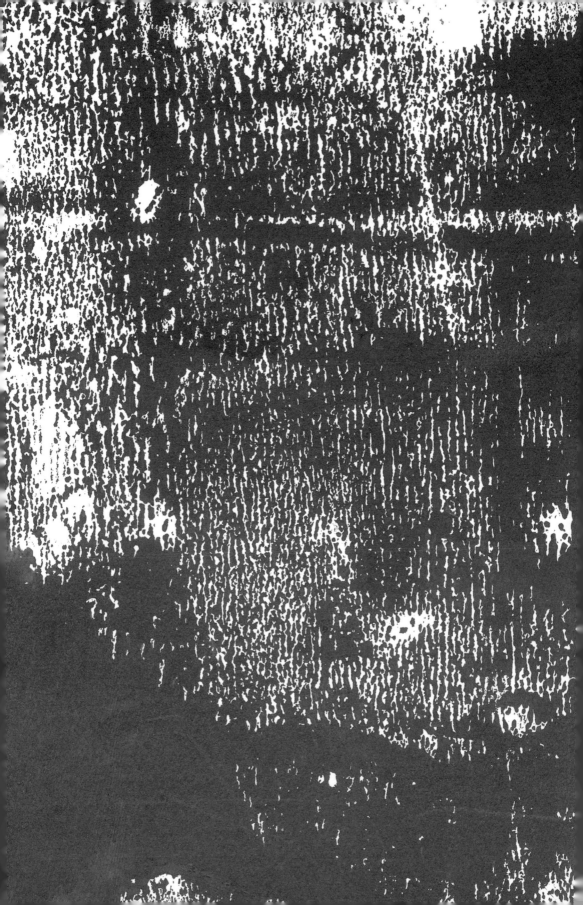

선구자들

열등함 혹은 우월함

르네상스적 인간(이상적인 인간이 아니라
이상적인 '남성'을 의미하는)에 대한 이야기가
전해졌던 르네상스 시대 이후,
남녀의 본질과 의무에 대한 논쟁이
벌어졌습니다.

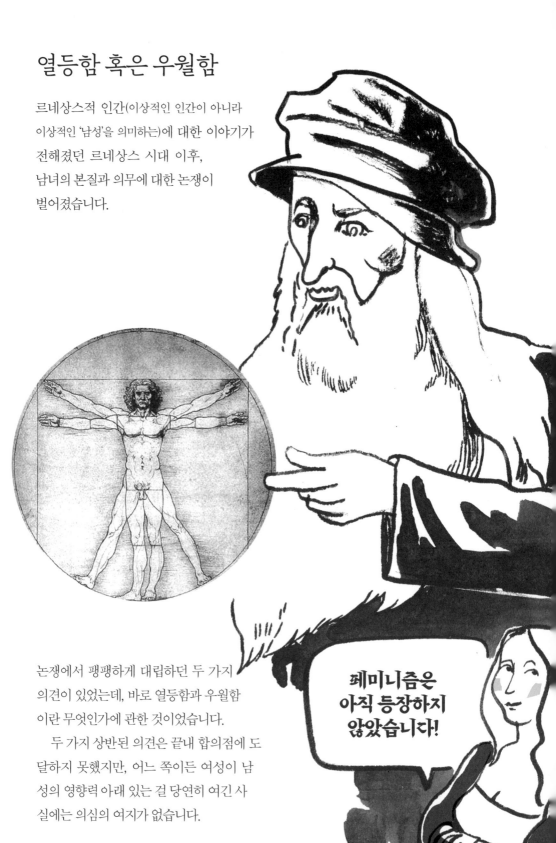

논쟁에서 팽팽하게 대립하던 두 가지
의견이 있었는데, 바로 열등함과 우월함
이란 무엇인가에 관한 것이었습니다.
　두 가지 상반된 의견은 끝내 합의점에 도
달하지 못했지만, 어느 쪽이든 여성이 남
성의 영향력 아래 있는 걸 당연히 여긴 사
실에는 의심의 여지가 없습니다.

페미니즘은
아직 등장하지
않았습니다!

절대로 동등하지 않다

여성이 쓴 글이나 여성을 변호하는 작품
은 역사에 거의 남아 있지 않습니다.

오늘날 우리는 몰리에르의 《유식한
여자들 *Las mujeres sabias*》이라든지 케베
도의 《잘난 척 쟁이 *La culta latiniparla*》와
같이 너무나도 미소지니적인[1] 글들을 통
해 여성을 옹호하는 작품에 대한 당시 남
자들의 반발심을 짐작해볼 수 있습니다.

21

크리스틴 드 피잔Christine De Pizan(1364~1430)

그는 본인이 살았던 시대에 어울리는 사람은 결코 아니었습니다. 하지만 다른 많은 여성들이 역사 속으로 사라졌음에도, 그는 잊혀지지 않았습니다.

크리스틴 드 피잔은 1364년 베네치아에서 태어났습니다. 그러나 네 살이 되던 해에 가족이 프랑스로 이사했고 거기에서 교육받고 평생을 살았습니다. 여성으로는 처음으로 전문 작가로 인정받았을 뿐만 아니라 자신이 지닌 천재적인 재능으로 인해 종종 논란에 휩싸였던 그는, 당시에는 흔치 않은 여성 문학 토론회 참여자이기도 했습니다. 크리스틴은 자신의 작품에서 여성들의 학문에 대한 접근 권리가 침해되는 것과 같은 주제들을 다뤘습니다.

여성의 권리를 지키고자 노력했던 그는 자신의 저서를 통해 미소지니적인 주장에 반박한 최초의 여성이었습니다.

천문학자의 딸로 태어나 열다섯 살에 자신보다 열 살 더 많은 남성과 결혼했던 그는 스물다섯 살에 남편과 사별하고 세 아이와 나이 든 어머니 그리고 조카 한 명을 돌보게 되었습니다.

가장 유명한 저서로 《여인들의 도시La cidudad de las Damas》가 있는데, 이 작품은 루이즈 드 케랄리오Louise de Kéralio라는 여성이 1786년에 책의 원저자가 크리스틴 드 피잔이라는 사실을 밝혀내기 전까지 보카치오의 작품으로 알려졌습니다. 크리스틴 드 피잔은 파씨수도원에서 예순여섯의 나이로 생을 마감했습니다.[2]

《여인들의 도시》(1405)

크리스틴 드 피잔은 자신의 저서에 남성이 일으키는 전쟁과 무질서가 없는 도시는 과연 어떤 곳일지 상상한 내용을 담아냈습니다. 당시로서는 이례적으로 여성의 신체를 긍정적인 이미지로 그려냈으며, 만약 남성들이 만들어낸 교육을 받지 않았더라면 여성들의 역사는 달라졌을 것이라고 장담하기도 했습니다.

《여인들의 도시》는 크리스틴 드 피잔이 던진 일련의 질문을 토대로 구성되었습니다.

나는 지식인과 평범한 사람을 불문하고 그토록 많은 남성들이 말로 상처를 주는 것은 물론이고, 작품과 전문서적에서까지 여성들을 비난해가며 혹평을 하는 이유가 무엇일지 자문해보곤 한다. 비단 남성 한두 명의 일이 아니라 … 미소지니 표현이 없는 텍스트가 없다. 오히려 철학자, 시인, 도덕주의자를 비롯해서—명단이 너무 길어질 것 같으니—모든 남성들이 한 목소리로 이야기하는 것 같다. … 우리가 이 작가들의 말을 곧이곧대로 믿어버린다면, 여성은 세상의 모든 악덕과 악행의 침전물이 담긴 커다란 통이 되어버릴 것이다.

도망치라! 여성들이여.
당신들을 옭아매는 이 어리석은 사랑에서 벗어나라.
어서 이 광적인 열정에서 달아나라.
향락의 끝에서 피해보는 이들은 언제나 당신들이
될 테니.

풀랭 드 라 바르Poullain De La Barre(1647~1725)

남성과 여성에 관한 많은 논쟁이 진행되는 와중에 그가 등장했습니다.

계몽주의 담론에 있어서 진보적인 생각을 지닌 데카르트 학파의 철학자이자 훗날 사회학의 창시자 중 한 명으로 평가 받는 그는 남성과 여성 문제에 이성이라는 척도를 적용시키면서 사람들의 뿌리 깊은 편견을 비판했습니다.

이성에는 성별이 없다.

남성인 자신들이 보기에 더 적절하고 확실해 보인다는 이유만으로 생겨난 편견에서 출발한 그들의 관점을 바꾸는 것은 말할 수 없이 어려운 일이다. 게다가 우리 남성들은 그 편견 속에 성별 간의 차이 또는 그와 관련된 또 다른 통속적인 편견들을 대입시키기까지 한다. 이처럼 오래되고 보편적인 일도 없다.

그는 성 불평등에 대한 해결책으로, 여성들도 배움을 통해 진보를 향해 나아가고 진리에 대한 질문에 답을 구할 수 있어야 한다고 주장했습니다.

스물여섯 살의 젊은 사제 철학자는 1671년 당시로서는 뜨거운 논쟁을 불러일으킬 만큼 파격적이었던 《성의 평등La igualdad de los sexos》이라는 책을 출간했습니다. 이 책으로 인해 이후 1차 페미니즘 물결, 2차 페미니즘 물결[3]에서 내세웠던 가장 주된 요구 중 하나인 교육의 권리에 대한 문제제기가 시작되었습니다.

또한 그는 몇 세기가 지난 후에야 전개될 여성에 대한 적극적 우대 정책과 같은 의견을 제시했는데, 이는 역사적으로 여성들이 가지고 있던 모든 것을 빼앗겼다는 사실에 기초한 것이었습니다.

"여성들에게 유리한 몇몇 법안을 마련해야 하는 것은 물론이고, 여성의 의사와는 상관없이 종교를 강요하는 것도 전면적으로 금지되어야 할 것입니다."

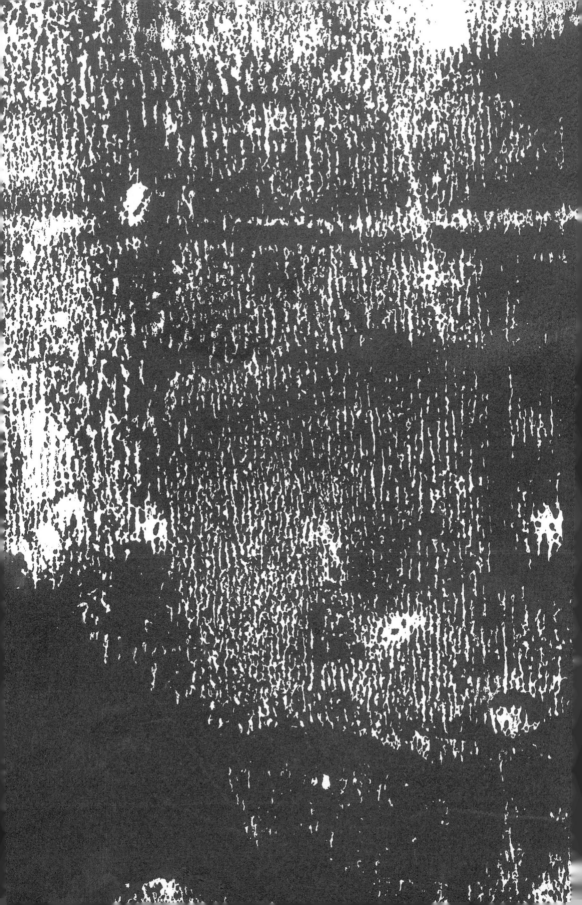

제1의 물결

근대에서 현대로의 과도기

18세기 후반에서 19세기 초까지의 시기는 근대에서 현대로의 과도기로 불립니다.

역사적으로 이 시기의 특징을 과학과 기술의 발전이라고 말할 수 있는데, 이는 특히 두 번의 혁명 과정에서 두드러지게 나타났습니다.

하나는 전제주의를 무너뜨리고 미래의 민주주의의 싹을 틔운 정치혁명이었고, 다른 하나는 전통적인 생산 방법을 대량 생산 방식으로 바꾼 산업혁명이었습니다.

자유, 평등 그리고 동지애와 같은 계몽주의와 프랑스혁명의 위대한 원칙들도 여성에게는 아무런 해당 사항이 없었습니다.

프랑스혁명

프랑스혁명 기간 동안 여성들은 새로운 혁명 정부가 보편적 평등을 프랑스 전역에 전파하면서도 여성들의 시민권과 참정권에 대해서는 일언반구 언급조차 하지 않았다는 모순적인 사실을 어떻게 스스로 알아채지 못했는지에 대해 놀라움을 금치 못하고 폭로했습니다.

페미니즘의 출현은 불가피했습니다. 만일 새로운 정치 강령의 전개—모든 국민은 법 앞에 자유롭고 평등하다—와 초기 민주주의의 시작에 앞서, 시민권과 교육받을 권리에서부터 사유재산권에 이르기까지 모든 권리에서 자신들은 왜 배제되었는지에 대해 여성들이 질문하지 않았다면, 그것이야말로 기적이라 해야 할 것입니다.

페미니즘은 환영받지 못한 계몽주의의 자식이었습니다.

아멜리아 발카르셀Amelia Valcárcel

철학자, 작가, 도덕·정치철학 교수이자 스페인 평등주의 페미니즘의 가장 활발한 활동가들 중 한 명입니다. 책에서 그의 의견을 자주 인용할 것입니다.

31

진정서

여성들은 매우 적극적으로 혁명에 동참했습니다.

1789년 10월 5일에서 6일까지 이틀 동안 파리에서 약 6,000여 명의 여성 시민들은 국왕과 왕비에게 생존권을 요구하며 파리의 도심을 가로질러 베르사유 궁전까지 행진을 감행했는데, 이는 혁명의 도화선이 되었습니다.

1789년에서 1793년까지 정치적으로 자신의 존재를 주장하고 목소리를 표출하는 탄원서가 발행되었는데, 거기에는 공화주의 여성운동 단체 56개가 함께했습니다.

성직자, 귀족 그리고 제3신분(평민). 이렇게 세 계층
으로 구성된 대표단은 1789년에 〈진정서〉를 작성하
여 전국삼부회(당시 의회의 일종으로 며칠 후에 국회로
바뀜)에 제출했습니다. 1614년부터 정기 회의가 열
리지 않았던 삼부회는 1789년 5월에 소집되어 프랑
스혁명을 촉진하였습니다.

　그러나 여성들은 삼부회에 포함되지 못했습니
다. 그래서 귀족에서부터 종교인, 민중에 이르는 '여
성의' 목소리를 포함하여 작성했던 〈진정서〉는 무산
되고 말았습니다.

그들은 우리를 대표할 수 없습니다

"분명하게도 그리고 당연하게도 귀족은 서민을 대표할 수 없으며, 서민 역시 귀족을 대변할 수 없다. 마찬가지 이유로 남성은 온전히 여성을 대변할 수 없다. 왜냐하면 대변인은 피대변인과 절대적으로 이해를 함께해야 하기 때문이다. 그러므로 여성을 대표할 수 있는 대변인은 오직 또 다른 여성뿐이다."

* 페이 드 코Pays de Caux에서, 익명의 부인 비비B.B. 씨의 〈진정서 및 항의서Cuaderno de Quejas y Reclamaciones〉

여성들이 제출했던 〈진정서〉는 전혀 고
려되지 않았습니다.
1789년 8월 국회는 〈인간과 시민의 권리
선언〉을 발표했습니다. 이 선언에는
성차별적인 단어가 하나도 들
어가지 않았지만, 인간을 의미
하는 뜻으로 쓰인 'man'이라는
말 그대로 남성의 권리만이 인정
되었습니다.

2년 후 올랭프 드 구즈는 이 선언을 페미니즘의 관점에서 반박한
〈여성과 여성 시민의 권리 선언 *La Declaración de los Derechos de
la Mujer y de la Ciudadana*〉을 내놓았습니다. 이 글은 시민으
로서 여성들 자신의 권리를 변호하기 위한 가장 분명한 정
치적 입장을 표명하고 있습니다. 이 선언을
통해 올랭프는 "프랑스혁명은 여성의 정치권
을 부정하였으며, 그러므로 혁명가의 입에는 평
등과 자유와 같은 보편적 원리가 가득하
지만, 자유롭고 평등한 여성에 관해서는 입 밖
으로 차마 내뱉지 못하고 거짓말을 하고 있
다"고 고발했습니다.

35

올랭프 드 구즈Olympe De Gouges(1748~1793)

올랭프는 그가 살던 시대에 어울리는 사람은 아니었습니다. 올리바 블랑코Oliva Blanco 교수에 따르면, 그는 당시에 여론을 조직화하고 공론화하기 위해 노력을 기울이는 헌신적인 삶을 살다가 처형당했습니다. 희곡, 전기소설, 철학 서적 등을 모두 합쳐 4,000쪽이 넘는 혁명적인 저작들을 쓴 여성에게 읽지도 쓰지도 못한다는 혐의가 씌워졌습니다.

올랭프는 매우 젊은 나이에 남편을 잃었지만, 평소 결혼을 사랑과 믿음의 무덤이라고 표현했던 그에게 이는 그렇게 불행한 상황은 아니었던 것으로 보입니다. 그는 이혼 그리고 '생활동반자관계'의 열정적인 대변인이었는데, 이는 생시몽주의자들보다 50년 이상, 비슷한 의견을 피력한 시몬 드 보부아르보다는 150년을 더 앞선 것이었습니다.

여성이 교수대에 오를 권리가 있다면, 마찬가지로 연단에 등단할 권리도 가져야 한다.

여성은 자유롭게 태어나 남성과 함께 법 앞에 평등하다. 사회적 차별은 공리에 입각할 경우에만 가능하다.

남편의 죽음 이후 그는 파리로 거주지를 옮겼습니다. 당시 스물두 살이었던 그는 영리하고 강인한 사람이었으며, 여성의 권리를—그들 중 대다수는 이혼, 출산, 종교를 강제당했던— 주장하는 것을 넘어 부채로 인한 금고형, 흑인 노예제도에 이르기까지 가장 위험한 사건들을 변호하는 데 열성을 다했습니다. 그 어떤 부당한 일도 그의 관심을 벗어날 수 없었습니다.

그리고 그 모든 것들은 상연되지 않은 자신의 극작품을 무대에 올리기 위해 그가 전력을 기울였던 프랑스 극단이 아닌, 파리 의회로 가는 문을 열어주었습니다.

올랭프가 〈여성과 여성 시민의 권리 선언〉을 쓰기로 결심했을 때, 아버지로부터 조각조각 찢어버리고 싶을 만한 편지를 한 통 받았는데, 거기에는 다음과 같이 적혀 있었습니다: "내가 너의 생각에 동의할 것이라는 기대는 접길 바란다. 너와 같은 성별의 사람들이 작품 속에서 합리적이고 진중한 인물로 바뀌어 등장한다면 우리 남성들은 오늘날 너무나도 경솔하고 경박한 인물로 변하기라도 한다는 말이냐? 이제 우리가 그토록 자부했던 우월함에 작별이나 고해야겠구나. 이제 여성들의 세상이 될 테니까 말이다. 이런 변화는 위험한 일이 될 거다. 나는 여자들이란 고등교육을 받아서는 안 되며, 작품에서도 계속해서 경솔하게 그려져야 한다고 생각한다. 그들은 상식이 부족할 때 더 매력적으로 보이기 마련이니까. 몰리에르가 쓴 《유식한 여자들Las mujeres sabias》에 나오는 여자들이 바로 그런 백치미의 전형이지. 자신이 원하는 대로 하는 여자들은 사회의 골칫거리일 뿐이다. 여자들도 글을 쓸 수는 있겠지. 허나 그건 어디까지나 큰 뜻을 품기보다는 세상의 행복에 대해 이야기할 때나 어울리는 일이다."

올랭프는 1793년에 단두대에서 참수형을 당했습니다.

〈여성과 여성 시민의 권리 선언〉(1791)

올랭프 드 구즈

마지막 회의 또는 차기 입법 회의에서 국회의 승인을 받기 위한 글.

전문

본 선언문은 이 나라의 대표자인 모든 어머니들, 딸들, 자매들 그들 자신이 프랑스 국회의 구성원이 될 수 있기를 요구한다. 우리 여성들은 여성 인권에 대한 무지, 망각, 멸시를 대중의 불행과 정부의 부패를 야기하는 원인으로 간주하면서, 자연적이고 양도 불가하며 신성한 여성의 권리를 엄숙하게 선언하는 바이다. 이는 다음과 같은 목적을 지닌다. 첫째, 모든 사회 구성원은 이 선언을 늘 염두에 두고 자신의 권리와 의무를 끊임없이 상기할 수 있다. 둘째, 여성의 권력 행사와 남성의 권력 행사가 모든 정치 제도의 목적이 되어 언제든지 비교될 수 있어야 하며, 그 모든 권력은 존중받아야 한다. 마지막으로, 단순 명료하고 논쟁의 여지가 없는 원칙에 입각한 시민들의 요구는 항상 헌법, 좋은 관습 그리고 만인의 행복을 향해야 한다.

따라서 모성의 고통이 보여주듯 아름다움과 가치의 모든 면에서 우월한 여성은 최고 존재 앞에 그리고 그의 이름으로 여성과 시민의 권리를 다음과 같이 인정하고 선언하는 바이다.

제1조

여성은 자유롭게 태어나 남성과 함께 법 앞에 평등하다. 사회적 차별은 오직 공리에 입각할 경우에만 가능하다.

제2조

모든 정치 참여의 목적은 여성과 남성의 자연적이고 절대적인 권리를 보장하는 데 있다. 이러한 권리는 자유, 사유재산, 안전 그리고 특별히 억압에 저항할 수 있는 권리를 말한다.

제3조

모든 주권의 기본은 본질적으로 여성과 남성으로 이루어진 국민에게 있으며, 그 어떤 집단이나 개인도 국민으로부터 나오지 않은 권한은 행사할 수 없다.

제4조

자유와 정의는 내 것이 아닌 모든 것을 그 주인에게 되돌려주는 것이다. 따라서 여성이 자연권을 행사하는 데 있어서 여성을 굴복시키려는 남성의 끝없는 횡포보다 더 큰 제약은 없다. 이러한 제약은 자연과 이성의 법에 따라 바뀌어야 한다.

제5조

자연과 이성의 법은 사회에 유해한 모든 행위를 금지한다. 이 권위 있고 신성한 법이 허락한 모든 것은 방해받을 수 없으며 그 누구에게도 상기 법률에 포함되지 않은 행동을 강요할 수 없다.

제6조

법은 총의의 표명이어야만 한다. 모든 여성 시민과 남성 시민은 개인적으로 또는 대표를 통해서 법이 성립하도록 협조해야 한다. 이는 모든 이에게 공평하게 적용되어야 한다. 법 앞에서 평등한 모든 여성 시민과 남성 시민은 공적인 지위, 직책, 고용에 있어서 본인의 역량이나 재능 외에는 어떠한 차별도 없이 자신의 능력에 따라 동등한 대우를 받아야 한다.

제7조

단 한 명의 여성도 이 법규에서 제외될 수 없으며, 법적으로 규정된 경우가 아니면 고소, 체포, 구금할 수 없다. 여성은 남성과 마찬가지로 엄격한 법에 따라야 한다.

제8조

법은 엄격하게 그리고 명백하게 필요한 형벌만 제정해야 한다. 그 누구도 범죄위원회가 조직되기 이전에 제정되고 공포된 법으로 처벌받을 수 없으며, 이는 법적으로 여성에게도 마찬가지로 적용된다.

제9조

어떤 여성이든 유죄 판결을 받으면 엄정한 법의 적용을 받아야 한다.

제10조

설령 그것이 아주 기초적인 것이라고 할지라도, 그 누구도 자신의 의견을 피력하는 데 있어서 방해받아서는 안 된다. 여성은 교수대에 오를 권리가 있다. 마찬가지로 자신의 정치적 의사 표명이 법에 의해 정립된 공공질서를 어지럽히지 않는 한 연단에 등단할 권리 또한 지니고 있다.

제11조

사상과 의견의 자유로운 교류는 여성이 가진 가장 귀중한 권리 중 하나다. 이러한 자유가 자녀에 대한 부모의 적법성을 보장하기 때문이다. 시민이라면 누구든 잔인한 편견 앞에 부득이하게 거짓말할 필요 없이 "나는 당신들이 데리고 있는 아이의 어머니다"[4]라고 자유롭게 이야기할 수 있어야 한다. 그러나 이러한 자유를 남용함으로써 처벌을 받은 경우에는 적용하지 않는다.

제12조

여성과 시민의 권리 보장은 높은 수준의 이익을 추구해야 하며, 이때 '보장'은 그것을 위임받은 자의 사익이 아니라 공익을 위한 것이어야 한다.

제13조

공권력과 행정 비용을 위해 납부하는 세금은 남성과 여성이 동일하다. 여성은 모든 힘들고 고된 의무를 다할 것이다. 따라서 여성도 일자리, 고용, 직무와 고관의 배정, 산업 활동에 있어서 동등하게 참여할 수 있어야 한다.

제14조

여성 시민과 남성 시민은 개인적으로 또는 대표를 통해 국가에 세금을 납부할 필요가 있는지 확인할 권리가 있다. 여성 시민은 재산에 관한 것뿐만 아니라 공공 행정, 세금 액수, 과세기준, 징수, 납부 기간과 관련하여 만약 남성 시민과 동등한 입장이 아니라면 세금 납부의 의무에 동의할 수 없다.

제15조

세금을 납부하는 데에 있어서 여성 민중은 남성 민중과 마찬가지로 모든 행정 관리 공무원에게 세금계산서를 청구할 수 있다.

제16조

권리에 대한 보장과 권력의 분립이 이루어지지 않는 사회에는 헌법이 존재한다고 말할 수 없다. 만약 국가를 구성하는 대다수의 국민이 헌법의 근간을 이루지 않는다면 그 헌법은 무효다.

제17조

재산권은 혼인 여부와 상관없이 남성과 여성 모두에게 해당되는 권리다. 모든 개개인에게는 신성불가침의 권리가 있다. 법적으로 인정된 공공의 이익을 위해 엄연히 요구되는 경우나 사전에 정당한 보상이 이루어진 경우를 제외하고는 자연으로부터 물려받은 진정한 유산과도 같은 권리는 그 누구도 빼앗을 수 없다.

메리 울스턴크래프트Mary Wollstonecraft(1759~1797)

내가 투쟁을 하는 이유는 나 개인을 위해서가 아니라 나와 같은 성별인 이들을 변호하기 위해서입니다. 독립은 인생에서 커다란 축복이자 모든 덕목 중에서 가장 기초가 되는 것이니까요.

메리는 1759년 영국에서 태어났습니다. 그는 아버지의 방탕한 생활로 가세가 기울기 전까지는 경제적으로 부족함이 없던 가정의 네 남매 중 차녀였습니다. 우연히 책을 읽게 된 이후로 메리는 단 한 번도 글쓰기를 중단한 적이 없었습니다.

아버지의 폭력으로부터 어머니를 지켜야했던 그는, 주정뱅이에 노름꾼이면서 가족을 학대하기까지 했던 아버지의 무관심으로 인해 오히려 그 당시 여성들이 받았던 전통적인 교육의 의무에 구속받지 않을 수 있었습니다. 그는 오롯이 자신만을 위한 삶을 살아갈 수 있는 길을 찾고자 열중하는 고독하고 공상적인 소녀였습니다. 그는 결혼생활을 하지 않고도 그를 해방시켜 주는 곳을 찾고자 했지만, 이는 당시 기적에 가까운 일이었습니다.

그러나 그는 그 목표를 거의 이루었습니다. 19세에서 28세까지 메리 울스턴크래프트는 선생님, 가정교사, 에스코트와 같이 젊은 여성이 할 수 있었던 수많은 "고상한" 일들을 시도해보았습니다. 그는 자신의 여동생을 폭력적인 남편으로부터 구해냈고, 여학생을 위한 학교를 열어 그 어떤 남성의 힘도 빌리지 않고 운영했습니다. 얼마 지나지 않아 학교는 문을 닫게 되었지만, 편집자였던 조셉 존슨Joseph Johnson이 그에게 머물 곳과 함께 자신의 출판사에서 전일제 작가 겸 번역가로 일할 것을 제안했습니다. 그 출판사는 우연히도—메리가 지닌 지성을 고려한다면 우연이라고 믿기 어려운 일이지만—당시 런던에서 가장 유명하고 비판적인 지식인들이 모인 곳이었습니다. 이렇게 전설은 시작되었습니다.

메리 울스턴크래프트는 바스티유 감옥La Bastilla
이 점령되기 직전에 《인간의 권리 옹호Vindicación
de los derechos del hombre》를 썼습니다. 30일도 채
안 되는 기간 동안 격정적으로 써내려간 이 글
은 단번에 그를 유명하고 특별한 여성으
로 만들어주었습니다.

　이 작품의 성공으로 그는 이 책을
잇는 또 다른 책을 쓸 용기를 얻게 되
었습니다.

성 평등주의, 여성의 경제적
독립 그리고 여성의 정치적
참여 필요성과 여성 국회의원의
선출을 옹호하는 《여성의 권리 옹호
Vindicación de los derechos de la mujer》는 이
렇게 탄생하게 되었습니다. 《여성의 권리 옹
호》가 출간되자, 메리가 당시 유럽에서
가장 유명한 여성이 되는 것을 저지
하지 못했던 보수주의자들은
'치마 입은 하이에나'라는
별명을 붙여가며 그를 공
격했습니다.

IGUAL 평등

사회학자 로사 코보Rosa Cobo는 울스턴크래프트에게 단단한 버팀목이 있었다고 말했습니다. "그의 생각이 생명력을 갖는 이유는 그것이 자신의 개인적인 경험으로부터 비롯되기 때문입니다. 여성 억압에 대한 그의 우려는, 여성이라는 점이 앞으로 나아가는 발걸음을 내딛는 데 커다란 방해가 되었던 그 자신의 삶에 단단한 뿌리를 두고 있습니다."

메리는 종종 그를 머리 아프게 괴롭히던 자유의 빈틈을 받아들이고 자신만의 삶을 꿈꿀 수 있는 가능성을 열어뒀습니다.

그는 출산하고 열흘 후인 1797년, 38세의 나이로 세상을 떠났습니다. 그의 딸은 후에《프랑켄슈타인Frankenstein》을 쓴 유명 작가 메리 셸리Mary Shelley입니다.

울스턴크래프트는 이후 여러 세대에 걸쳐 페미니스트들에 의해 "발견되고" 알려졌습니다. 버지니아 울프Virginia Woolf는 다음과 같이 말했습니다. "삶의 정수精髓에 다다를 수 있도록 수많은 길을 열어준 생생하고 지적인 그의 열정적인 시도에는 뭔가가 있다." 메리는 아직까지 살아 활동하며, 자신의 의견을 주장하고 또한 체험하고 있습니다. 우리는 여전히 그의 목소리를 듣고 그에게서 영향을 받습니다.

《여성의 권리 옹호》(1792)

울스턴크래프트는 33세에 지금은 페미니즘의 기본서로 잘 알려진 《여성의 권리 옹호》를 발표했습니다. 이 책에서 그는 당시 벌어진 논쟁의 쟁점을 모아냄으로써 19세기 페미니즘의 길을 열었습니다.

　이 작품은 단순히 여성이 개인으로서의 권리나 자신의 운명을 스스로 선택할 도덕적 권리를 요구하는 내용이 아니며 몇 가지 특정한 정치적 권리를 요구하는 내용도 아닙니다.

오히려 이 작품에서 그는 종種의 평등과 그 연장선상에 놓인 젠더 간의 평등을 옹호하기 위해서 편견에 맞선 급진적인 투쟁, 어린이들을 위한 평등한 교육에 대한 요구 그리고 여성의 시민권 쟁취 등에 대해 구체적으로 논증을 펼쳐나갑니다.

아멜리아 발카르셀은 역사상 처음으로 여성들이 처한 상황을 비판했던 사람이 메리 울스턴크래프트였다고 주장합니다. 그는 여성들의 본성이라고 알려진 기질과 품행은 사실 자신의 재산과 자유가 부족한 상황의 산물이라고 생각했습니다.

그의 이론에서 눈여겨볼 점은 남성들이 여성들에게 마치 자연의 섭리라도 되듯 항상 자연스럽게 행사했던 권력을 처음으로 '특권'이라 불렀다는 것에 있습니다.

계몽주의 페미니스트 담론의 특징

- 남성과 여성이 평등하다는 점을 명백하게 주장했습니다.
- 남성의 권력을 비판했습니다.
- 여성을 종속시키는 사회 구조에 영향을 미치는 사회적·문화적 메커니즘을 알아냈습니다.
- 여성해방을 가능케 하는 전략을 세웠습니다.
- 계몽주의 페미니즘 원전原典들은 이미 여성보다 우위에 있는 남성의 권력을 신성한 의도나 자연의 법칙이라는 이유로 정당화하는 것을 인정하지 않았으며, 오히려 그것이 사회구조에서 파생된 결과물이라는 점을 강조하는 논리를 전개하였습니다.
- 이와 같은 여성의 권리를 인정할 것을 호소하면서, 계몽주의 페미니스트들은 당시까지 사용되던 '불평 건의'라는 단어를 버리고 그 대신에 부정당했던 모든 권리를 요구하는 '옹호'라는 단어를 삽입할 것을 요구했습니다.[5]

평등한 교육에 대한 권리

성매매 금지

교육권

시민권

유혈진압
1793년

남성 세력이 맹렬히 반발하였습니다.
새롭게 공표된 정치적 권리에서
여성들은 배제되었습니다.

10월에는 여성 조직들을 해산시키라는 명령이 내려졌습니다.
여성들은 길거리에서 다섯 명 이상 모일 수 없게 되었습니다.
11월에 올랭프 드 구즈가 단두대에서 참수되었습니다.
수많은 여성들이 감옥에 갇혔습니다.

이건 혁명이 아냐.
그냥 남성들이 자기들의 특권을 지키는 거지.

1795년

여성들의 정치 모임이 금지되었습니다.
정치적 의견을 표명한 여성들은, 그것이 어떤 이념이든
간에, 단두대로 끌려가거나 국외로 추방당했습니다.

50

그로부터 15년 후 제정되어 훗날 유럽 전역에서 받아들이는 《나폴레옹 법전》은 여성은 자신의 남편에게 복종하도록 했고, 남편이 자신과 내연 관계에 있는 여성을 부부의 거처에 데려온 경우에만 이혼을 인정함으로써 결혼을 다시 불공평한 계약으로 만들었습니다.

최초의 위대한 패배

대다수 유럽 여성들의 손과 발이 묶였습니다. 그러나 그들은 마음 속으로 자신들의 정치적 경험을 기반으로 과거와 같은 상황으로 절대 돌아가지 않을 것이라는 다짐을 하며 19세기로 들어섰습니다. 투쟁이 시작된 것입니다.

아멜리아 발카르셀

시민으로서의 자격도 없고 정상적인 교육 제도 밖에 놓인 여성들은 자유로운 권리와 복지를 누릴 수 있는 모든 부분에서 배제되었습니다. 그래서 이러한 권리와 자유를 손에 넣고, 투표권과 고등교육기관에 입학할 권리를 쟁취하는 것이 여성참정권 운동의 목표가 되었습니다.

여성의 민주주의

여성참정권 운동은, 수많은 이의 생명을 포함한 커다란 희생을 치러야 했음에도 그 어떤 권리도 누리지 못했던, 18세기 이래로 지속된 여성들의 투쟁을 이어나가는 것이었습니다.

여성에게 투표권을
히튼 공원 7월 19일 오후 4시 일요일

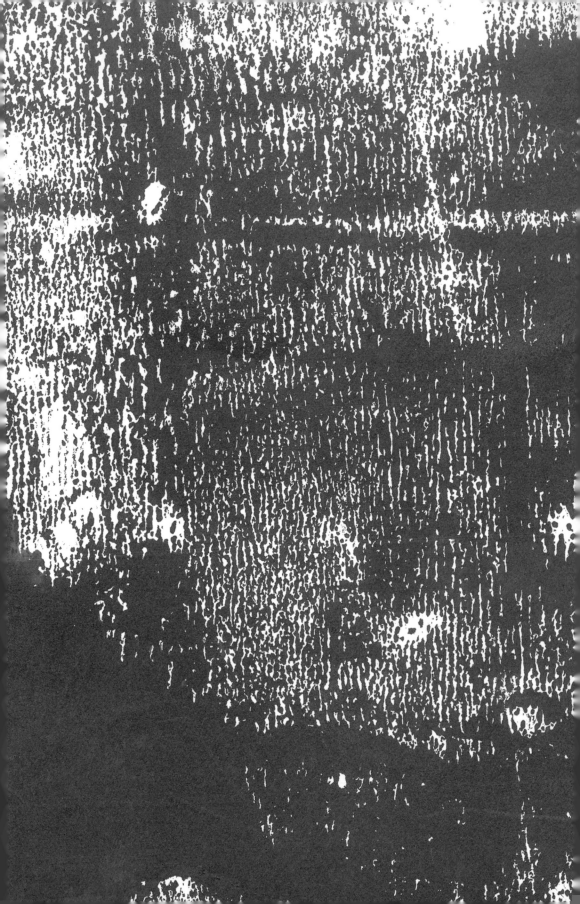

여성참정권 운동

1913년 6월 4일 엡섬 다운스Epsom Downs 경마장에서는 영국 최고의 순혈종 말들이 모여 경주를 했습니다. 더비 데이Derby Day가 열리는 날이었는데, 이는 1780년부터 지금까지도 매해 개최되는 경마 대회로 모든 영국인의 이목이 집중되는 행사였습니다. 관중석에서 화려한 쇼와 축제가 진행되고 있던 와중에 한 젊은 여성이 경마장으로 뛰어 들어가 국왕이 타고 있던 말의 고삐를 잡으려고 했습니다. 그러나 실패했고 오히려 말에게 맞아 심각한 부상을 입었습니다. 나흘 후, 그는 사망했습니다.

이 젊은 여성의 이름은 에밀리 윌딩 데이비슨Emily Wilding Davison으로 여성의 투표권에 대한 자신의 신념을 바탕으로 행동하다가 목숨을 잃은 것이었습니다. 급진적인 여성참정권론자였던 그는 그렇게 순교자가 되었습니다.

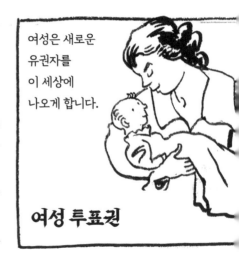

여성은 새로운 유권자를 이 세상에 나오게 합니다.

여성 투표권

에밀리 데이비슨

에밀리 데이비슨의 장례식이 열린 런던 거리 곳
곳에서는 대대적인 페미니즘 시위가 진행되었습
니다. 당시 영국의 여성참정권론자들은 투표권
을 위해 60년 동안 투쟁하고 있었지만, 아무런 결
과물을 얻지 못하고 있었던 상황이었습니다.

영국이 최초는 아니었습니다. 그들 이전에 미
국 여성들이 이미 투쟁을 시작했습니다. 19세기
후반에서 20세기 초반은 페미니스트들의 능력,
전략 그리고 인내심을 증명해야 하는 시대였다
고 말할 수 있습니다. 그리고 이번에는 그들이 첫
승리를 거머쥐게 되었습니다.

59

여성참정권 운동가들은 어떻게 투쟁을 시작하게 되었습니까?

19세기 미국 여성들을 집 밖으로 이끌어낸 일은 그들 개인의 문제가 아니었습니다. 그 계기는 바로 노예 제도였습니다. 여성들은 노예 제도의 부당함에 대해 자신들의 현실보다도 더욱 생생하게 인식하고 있었습니다.

영국의 식민지였던 조국의 독립을 위해 이미 남성들과 함께 투쟁했었던 여성들은 이제 노예들이 겪고 있던 상황들을 종결시키기 위해 단결하였습니다.

이러한 행동을 통해 그들은 시민운동, 연설, 정치사회적 사건들에 대한 투쟁 경험을 쌓을 수 있었고, 또 다른 한편으로는 실천을 통해 노예에 대한 억압이 그들이 겪고 있는 억압과 매우 유사한 것이었음을 손전등으로 비춰보듯 알 수 있었습니다.

노예를 소유한 남부 캘리포니아의 한 가정에서 태어난 사라
와 안젤리나 그림케 자매는 노예제 폐지 운동의 초기 활동가
들이었는데, 그들은 자신들이 이 운동에서 주장했
던 사회 비판 논리를 이후 여성들의 상황에
문제를 제기할 때 다시 적용했습니다.

《톰 아저씨의 오두막 *LA CABAÑA DEL TÍO TOM*》(1851)

일화로—아마 우연은 아니겠지만—아메리카 대륙
에서 최초로 나온 반노예주의 소설은 자신의 연재물
을 책으로 출판한 미국의 여성 작가 해리엇 비처 스
토*의 저명한 소설《톰 아저씨의 오두막》이라는
사실을 이야기할 수 있습니다.

해리엇 비처 스토Harriet Beecher Stowe,
1811~1896

* 링컨 대통령은 미국의 노예제 반대 여
  론에 미친 그의 막대한 영향력에 대해
  언급하며 "엄청난 전쟁에서 이긴 작은
  여인"이라고 표현했습니다.

63

새로운 대륙의 새로운 교회

프로테스탄트*의 정책적 방향은 교회의 일을 수행하는 데 있어서 여성의 존재를 인정하는 것이었습니다. 여성들은 예배에 공식적으로 참여할 수 있었으며 모든 종교단체에서 발언할 수 있었습니다. 새로운 교회가 신대륙에 도착한 것입니다. 가톨릭과 반대로, 이 새로운 교회는 신성한 기록에 대한 각자의 해석을 옹호하고, 여성들이 읽고 쓰는 것을 지지하였습니다. 이러한 교육을 통해 19세기 북미 페미니즘의 핵심이자 모체가 된 교육받은 중산층 여성이 성장하게 되었습니다.

* 여기에서 프로테스탄트는 16세기 개신교의 개혁을 통해 가톨릭교회에서 분리되어 나온 기독교 단체를 뜻합니다.

마리아 살라스María Salas에 따르면, 당시의 모든 상황은 여성운동이 시작되기 위한 실질적인 기반이 이미 존재하고 있었다는 사실을 보여줍니다. 단지 여기에 생명을 불어넣을 자극제가 될 만한 사건과 운동을 선두에서 이끌 지도자 그리고 계획이 부재했던 것입니다.

자극제: 세계 반노예제 대회(런던, 1840)

1840년 런던에서 개최된 세계 반노예제 대회에서 불꽃이 일기 시작했습니다.

네 명의 여성으로 구성된 미국 대표단은 영국에서 환대 받지 못했습니다. 아니, 오히려 그 반대에 가까웠습니다. 미국 대표단의 등장으로 대회장이 소란스러워지자 주최 측은 그들을 대표단으로 인정하지 않았을 뿐만 아니라 그들이 회의에 참석하는 것을 저지하기까지 했습니다. 끈질긴 교섭 끝에, 결국 네 명의 여성들은 커튼 뒤에서 회의 내용을 들어야 했습니다.

이것은
곧 투쟁의
도화선이
되었습니다.
대회에서 당한 굴욕
으로 분개한
네 사람은 여성의
권리를 인정받는 것에 앞으로
의 행동을 집중시키기로 다짐
하며 미국으로 돌아왔습니다.

지도자들: 루크레티아 모트Lucretia Mott(1793~1880)와
엘리자베스 케이디 스탠턴Elizabeth Cady Stanton
(1815~1902)

그들의 끈질긴 노력 뒤에는 루크레티아 모트와 엘리자베스 케이디 스탠턴이 있었습니다.

　루크레티아 모트는 노예제에 반대하는 최초의 여성 단체를 창립한 퀘이커교도*로, 그의 집은 노예들의 탈출 경로에서 아지트로 이용되었습니다. 어떻게 보면 자신의 추종자라고 할 수 있는 엘리자베스 케이디 스탠턴보다 약 스무 살 연장자였던 그는 시간이 흐른 후 미국 여성운동에서 가장 중요한 지식인으로 인정받게 됩니다.

* 퀘이커로 알려진 '친목 종교 단체La Sociedad Religiosa de los Amigos'는 영국에서 창립되었고 이후 미국 펜실베이니아 주를 통해 확장되었습니다.

대통령님, 여성들은 언제쯤 자유로워질까요?

루크레티아 모트

엘리자베스 케이디 스탠턴

수전 B. 앤서니

계획 : 소신 선언

뉴욕 주의 서쪽에 있는 한 작은 마을에서 일어난 일입니다. 엘리자베스 케이디 스탠턴은 노예제 폐지 투쟁에 헌신한 자유주의 진영의 다양한 정치단체 및 기관에서 100여 명의 사람들을 모아 강연회를 열었습니다. 강연회에는 남성보다 두 배 더 많은 인원의 여성이 참석했습니다.

Women's Rights Convention.

A Convention to discuss the social, civil and religious condition of Woman, will be held in the Wesleyan Chapel, at Seneca Falls, N. Y., on Wednesday and Thursday the 19th and 20th of July current, commencing at 10 o'clock.

> 여성의 권리에 관한 대표자 회의.
> 7월 19일(수요일), 20일(목요일) 오전 10시에 뉴욕의 세네카 폴스에 있는 감리교 예배당에서 여성의 권리와 사회적·시민적·종교적 조건에 대한 토론이 있을 예정입니다.
> 첫째 날은 오직 여성을 위한 강좌가 열리므로, 여성분들을 정중히 초대합니다. 일반 관객은 두 번째 날에 필라델피아에서 온 루크레티아 모트와 또 다른 숙녀 신사분들이 진행할 강좌에 초대합니다.

수전 B. 앤서니

엘리자베스 케이디 스탠턴

여성투표

이틀간의 대담 후, 그들은 미국 〈독립 선언문〉을 참고해 원고를 작성했는데, 그것이 바로 그들 스스로 "소신 선언"이라고 불렀던 〈세네카 폴스 선언〉입니다.

〈뉴욕 세네카 폴스 선언SENECA FALLS NUEVA YORK〉
1848년 7월 19~20일

전문: 우리는 "인간은 진정하고 본질적인 자신의 행복을 추구해야 한다"는 가장 위대한 자연의 섭리에 동의한다. 블랙스톤은 자신의 〈논평〉에서 인류 역사가 시작된 이래로 존재하는 이 자연의 법칙은 신의 명령으로 만들어진 것이기에, 그 어떤 것보다도 명백한 우위에 있다고 밝혔다. 그러므로 우리는 이 자연의 법칙을 장소, 국가, 시간을 불문하고 지켜야 할 의무가 있다. 이에 반하는 인간의 그 어떤 법도 효력을 갖지 못한다. 또한 자연법으로부터 나오는 모든 권위와 가치 그리고 직간접적 권한은 유효하다. 이에,

우리는 여성의 진정하고 본질적인 행복과 갈등을 일으키는 모든 법률은 어떤 식으로든 자연의 위대한 섭리에 반하는 것이며, 이 섭리는 그 어떤 것보다 우위에 있기 때문에 그 법률은 효력을 지니지 못한다는 결정을 내렸다.

우리는 여성이 사회에서 원하는 지위를 차지하는 것을 저지하거나, 여성을 남성보다 낮은 지위에 밀어 넣는 모든 법률은 자연의 위대한 섭리에 반하는 것이며, 따라서 권위와 권한을 지니지 못한다는 결정을 내렸다.

우리는 창조주께서 의도하셨듯이, 여성과 남성은 동등한 존재이며, 그러한 사실이 널리 알려지는 것이야말로 인류를 위한 길이라는 판단을 내렸다.

우리는 이 나라의 여성들은 자신이 지키는 법에 대해 알 권리가 있을 뿐만 아니라, 자신이 원하는 모든 권리를 가지고 있다고 착각하며 현재의 상황과 본인의 무지몽매함에 만족하는 수모를 더 이상 겪어서는 안 된다고 판단을 내렸다.

우리는 남성은 여성보다 이성적인 면에서 우위에 있고 여성은 남성보다 도덕적인 면에서 더 우월하다면, 모든 종교 모임에서 말하고 설교를 할 수 있는 권한을 여성에게 부여하는 것이 탁월한 선택이라고 생각한다.

우리는 사회에서 여성에게 요구하는 정조와 우아함 그리고 기품 있는 행실을 남성에게도 요구해야 한다고 생각하며, 이를 위반할 때에는 여성과 마찬가지로 남성 역시 엄격하게 판결

을 받아야 한다고 주장한다.

우리는 여성이 공개적인 장소에서 발언할 때 걸핏하면 우아함과 품위가 부족하다고 비난하는 행위는 연극 무대나 콘서트 또는 서커스를 구경하는 관객들이 고의로 등장인물들을 조롱하는 것과 같은 것으로 간주한다.

우리는 여성이 너무나 오랜 기간 동안 성경의 몇몇 타락한 관습과 왜곡된 해석이 가르쳐온 제한된 범위 내에서만 만족하고 있다고 생각한다. 이에, 우리는 창조주의 뜻에 따라 더 넓은 한복판으로 나아갈 시간이 되었다고 판단한다.

우리는 이 나라의 여성들은 신성한 투표권을 반드시 확보해야 한다고 주장한다.

우리는 인권의 평등이란 모든 인종이 능력과 책임이라는 측면에서 동등하다는 사실의 결과라고 생각한다.

그러므로 우리는,
창조자로부터 동일한 은총과 그것을 행함에 있어서 똑같은 책임을 부여받았기에, 남성과 마찬가지로 여성 역시 모든 합법적인 수단을 통해 모든 정당한 소송을 제기할 수 있는 의무와 권리를 지닌다는 판단을 내렸다. 특히 종교와 도덕과 같은 큰 주제와 관련해서는 어떤 종류의 모임이 개최되든 간에, 공적으로든 사적으로든 서면이나 대화로, 아니면 다른 방법을 통해서라도 자매들도 형제들과 함께 교육의 기회를 나눠가질 권리가 있음은 매우 분명하다. 또한 이는 인간 본성의 '신성 주입의 원리'에서 유래하는 명백한 진실이기 때문에 이를 거역하는 모든 관습이나 강압은 현대적인 것이든, 오래된 '백발 제재'의 잔재로부터 비롯된 것이든 관계없이 명백한 거짓이며 인류에 반하는 것으로 간주되어야 한다고 주장하는 바이다.

강연회에서 마지막 강좌를 맡았던 루크레티아 모트는 다음과 같은 결정 사항을 밝혔다.

우리는 남성들만 독점해온 설교단을 무너뜨리고 여성이 다양한 노동, 직업 그리고 업무에 공평하게 참여하도록 만들 것이다. 그리고 이러한 대의를 실현하는 속도와 결과는 남성뿐만 아니라 우리 여성들이 얼마나 헌신하고 노력하는가에 달려있다고 판단하는 바이다.

거대한 첫 번째 승리

수전 B. 앤서니

여성의 투표권을 위한 투쟁에 여성들만 참여하고 있다고 생각한 엘리자베스 케이디 스탠턴과 수전 B. 앤서니는 1868년에 국제여성참정권협회NWSA를 설립하였습니다.

존중받는 여성이라면 그 누구도 자신의 성별을 무시하는 정당의 승리를 바라거나 그런 당을 위해 일하려 하지 않을 것입니다.

1872년, 1894년 수전 B. 앤서니

이 협회는 1869년에 협회의 주장이 너무 과격하다고 생각한 루시 스톤 등의 회원들과 마찰을 빚고 분열을 겪습니다. 이 과정에서 가장 보수적인 회원들로 구성된 미국여성참정권협회 AWSA가 출범합니다. 미국여성참정권협회는 전국 각 주를 돌며 여성 투표권을 주장하는 캠페인을 점진적으로 전개시켰습니다. 그리고 같은 해인 1869년 와이오밍 주에서 여성의 투표권을 최초로 인정합니다. 이는 〈세네카 폴스 선언〉이 발표된 지 무려 21년 만의 쾌거였습니다!

하지만 진보는 더뎠습니다. 어려움에 직면한 미국 여성참정권 운동의 양 날개는 1890년에 재결합했고 새로운 세기의 도래와 함께 급진적으로 앞으로 나아갔습니다.

1910년에 그들은 뉴욕과 워싱턴에서 대규모 행진을 조직했습니다. 이후 1918년까지 온건파와 급진파를 막론한 모든 여성들은 윌슨 대통령이 여성참정권에 대한 지지 의사를 밝히고 하원에서 수정 헌법 제19조를 통과시킬 때까지 적극적으로 행동하였습니다. 개정된 수정헌법이 발효되기까지는 짧지 않은 시간이 소요되었습니다. 마침내 1920년 8월에 미국 전역에서 여성의 투표가 가능해졌습니다.

공헌

여성참정권 운동은 여성들의 능력과 끈기를 보여준 장대한 운동이었습니다. 세네카 폴스에서 모였던 여성들 중에서 대통령 선거에서 투표를 할 수 있었던, 즉 1920년에 살아 있었던 이는 모임 당시 열아홉의 어린 여성 의류 디자이너였던 샬럿 우드워드 Charlotte Woodward뿐이었습니다.

여성참정권 운동가들은 투표권과 교육권이라는 두 가지의 구체적인 목표를 향해 80여 년간 투쟁했고, 두 가지 권리를 모두 쟁취했습니다. 다시 말하자면, 같은 주제로 3세대 동안이나 격렬한 활동이 이어져온 것입니다! 아멜리아 발카르셀은 이를 가리켜 "모든 산업사회에 편재하여 국제적으로 동요를 일으킨 운동"이라고 말했습니다.

아멜리아 발카르셀은 여성참정권 운동이 적어도 두 가지는 민주정치에 크게 공헌한 바가 있다고 밝혔습니다.

하나는 연대라는 단어의 출현이고, 또 다른 하나는 시민들의 투쟁 방법에 관한 것입니다.

'연대'는 남성적인 색채가 강한 '형제애'라는 단어를 대체하기 위해 선택한 것입니다.

동등한 권리
여성에게 투표권을

투쟁 방법에 있어서 여성참정권 운동이 공헌한 바는 훨씬 더 중요합니다. 여성참정권론자들은 자신들이 처한 상황에 여론을 집중시키고 비폭력을 주장하면서도 외부로부터 정치적인 관심을 끌어내야 했습니다. 그래서 그들은 새로운 항의 방식을 연구하고 시도해야 했습니다.

그리고 마침내 알맞은 방법을 찾아냈습니다.

시위, 체계적인 질문을 통해 연설의 흐름 끊기, 단식투쟁, 자발적 투옥autoencadenamiento, 자신들의 요구사항을 인쇄한 팸플릿 배포 등. 이 모든 것은 여성참정권론자들이 주도한 운동에서 주로 썼던 방법이었습니다.

여성참정권운동은 선동 방법을 혁신했으며 이후 노동조합 운동이나 시민권 운동과 같은 정치운동이 따르게 되는 평화적인 방식의 투쟁을 고안해냈다고 말할 수 있습니다.

영국의 여성참정권 운동

영국의 운동가들의 인내심은 미국의 운동가들의 그것보다 빨리 한계에 다다랐습니다. 영국 의회에 처음으로 제출된 여성의 투표권 청원은 1832년 8월이라고 기록되어 있습니다. 30여 년 후인 1866년 6월에 에밀리 데이비스Emily Davies와 엘리자베스 가렛 앤더슨Elizabeth Garrett Anderson은 1,499명의 여성들에게 서명을 받아 〈여성들의 탄원서Ladies Petition〉를 의회에 제출했습니다. 존 스튜어트 밀John Stuart Mill과 헨리 포셋Henry Fawcett 같은 이들이 당시 의원이었습니다. 그들이 제출한 탄원서가 받아들여지지 않자, 리디아 베커Lydia Becker가 이끌던 영국여성참정권협회Sociedad Nacional pro Sufragio de la Mujer의 주도 아래 지속적으로 저항의 움직임이 일었습니다.

리디아 베커

이듬해인 1867년, 성인 남성의 투표권자 수를 늘리기 위한 두 번째 선거법 개정이 논의되던 중 존 스튜어트 밀은 남성을 사람으로 대체하는, 즉 남성들과 같은 요구 조건을 충족하는 여성들에게도 투표권을 주도록 하는 개정안을 제출했습니다. 이는 받아들여지지 않았을 뿐만 아니라 보수주의자들로부터 거센 비난을 받았습니다.

에멀라인 팽크허스트Emmeline Pankhurst(1858~1928)

1902년 7월에 전국여성참정권연합National Union of Women Suffrage의 대표였던 팽크허스트에게 징역 3년의 판결이 내려졌고, 여성참정권론자들은 그가 교도소에서 나올 수 있도록 힘을 모았습니다.

월슨 대통령은 그를 미국으로 초대했습니다. 비록 영국으로 귀환한 후 다시 교도소로 돌아가야 했지만 이미 그는 전설적인 인물이었습니다. 그즈음 여성참정권론자들은 여러 공공시설과 기물을 파손하는 일련의 폭력 시위를 시작했지만, 그들의 항의는 특정한 개인을 향한 것이 아니었으며, 단 한 건의 인명 피해도 발생시키지 않았습니다. 유일한 사상은 오히려 그들의 진영에서 기록되었는데, 바로 엡섬 경마장에서의 에밀리 W. 데이비슨의 죽음이었습니다.

하지만 어린 데이비슨의 희생도 투쟁에 마침표를 찍기에는 충분하지 않았습니다. 1차 세계 대전이 발발하였습니다. 영국 국왕 조지 5세는 모든 여성참정권론자들을 사면하고, 전선에 배치되어야 했던 남성들을 대신하여 여러 직업에 대체 투입될 수 있도록 여성들을 모집하고 조직하는 임무를 에멀라인 팽크허스트에게 맡겼습니다.

여성 노동자를 비롯하여 모든 여성에게 투표권을!

1917년 5월 28일, 의회에 무려 2,588건의 탄원서를 제출한 후에야 전쟁 기간 동안 조력하는 대가로 마침내 여성참정권 법안이 가결되었습니다. 찬성 364표, 반대 22표였습니다. 그렇지 만, 첫 번째 법안에서는 30세 이상의 여성들만 투표를 할 수 있었기 때문에 남성들의 투표권 과 완전히 동일하도록 법적으로 규정되기까지 영국 여성들은 10년을 더 기다려야 했습니다. 10년 후, 남성과 마찬가지로 21세 이상의 모든 성인 여성들은 투표를 하고 선출될 수 있는 권 한을 갖게 되었습니다.

이러한 영국 여성참정권론자들의 대서사극에서 다음과 같은 글을 남긴 이다 알렉사 로즈 와일리Ida Alexa Ross Wylie가 떠오릅니다.

그동안 제대로 달릴 수 없었을 뿐만 아니라, 지난 몇 세기 동안 정숙한 여성의 다리에 대해서는 언급조차 금기시되었음에도 불구하고, 어느 순간부터 런던의 그 어떤 경찰보다 더 많이 달리는 여성들을 보며 놀라움을 금할 수가 없습니다. … 그때그때 움직일 수 있는, 그리고 비밀을 보장하고 서로에게 충실할 수 있는 그들의 능력, 사회계층과 기존 질서에 대한 경멸적 파괴는 모두를 위한, 그 중에서도 특히 그들 스스로를 위한 폭로였던 것이지요.

"열광적이었고 가끔은 위험한 모험도 마다하지 않았던 2년 동안 나는 소리 죽여 웃는 대신 호탕하게 웃고, 조신하게 걷는 대신 자유분방하게 걷고, 그러면서도 간디보다 더 절제할 줄 알고 웃음과 유머로 고난에서 벗어날 줄 알았던, 분별 있고 열정적이면서 현명한 여성들과 어깨를 맞대고 일하고 싸웠다. 나이 많은 공작부인들과 건장한 요리사들 그리고 젊은 외판 원들과 함께 딱딱한 바닥에서 잠을 잤다. 이따금씩 지치기도 하고 상처를 입기도 하며 당황 스러운 일도 있었지만, 우리는 전에 없이 행복했었다. 그전까지 알지 못했던 삶을 즐거운 마음으로 함께 나누었다. 함께 투쟁에 나선 내 동료의 대부분은 누군가의 부인이거나 어머니 였다. 그런데 그들의 가정생활에서 이상한 일들이 일어났다.

저녁에 귀가한 남편들은 불안감을 감추지 못했다. '측은하고 사랑하는 엄마'를 향해 애정 어린 응원을 보내던 자녀들은 이내 놀라움을 금하지 못했다. 자녀들을 걱정하기에는 자신의 일로 너무 바빠진 어머니들에게서 모성애라는 후광이 사라지자 자녀들은 어머니들이 그동 안 그들에게 굉장히 친절하게 대했었다는 사실, 대단한 사람이었다는 사실을 알아냈다. 자신의 어머니가 용기 있는 사람이었다는 사실도."

83

투표할 권리, 미래의 전략

여성참정권론자들은 비록 여성의 투표권을 강조하면서 유명해지긴 했지만, 단순히 투표할 권리, 즉 보편적인 선거권만 주장한 것은 아니었습니다. 그들은 여성의 투표권이라는 자신들의 목적을 달성한다면 넓은 의미에서의 평등에 더 가까이 다가갈 수 있을 것이라 생각했습니다. 이 시대의 페미니스트들은 자유롭게 고등교육을 받을 수 있는 권리와 모든 직종에 취업할 수 있는 권리를 요구했으며, 여성들이 노동해서 번 돈을 포함한 모든 부부 재산을 남편들만이 관리하던 현실을 폭로하고, 자녀에 대한 공동 친권 및 자신의 재산을 관리할 수 있는 시민권을 주장했습니다. 실제로 그 당시 남편은 일자리에 자신의 부인을 '대여'할 수 있었으며, 부인이 일한 대가로 받은 월급을 남편이 받아 관리하였습니다. 그래서 여성들은 동일노동 동일임금을 요구했던 것입니다.

84

또한 투표권에 대한 요구는 여성 모두의 공통
관심사였기 때문에 그들은 각자의 사회적 지위,
경제적 상황, 정치적 의견을 떠나 '여성참정권'
이라는 이름으로 모일 수 있었습니다.

그렇게 해서 단지 여성이라는 이유만으로 모
든 곳에서 배제되었다는 사실을 자각하는 페미
니스트적 의식이 널리 공유될 수 있었습니다.

여성에게 투표권을

하지만 19세기는 매우 모순적인 시대였습니다. 여성들은 두 부류로 나뉘었습니다.

첫 번째 부류는 자본주의의 도래로 인해 생겨난 프롤레타리아 여성으로, 이들은 산업노동에 동참하면서도 남성보다 값싸고 책임이 덜 한 노동을 담당했습니다.

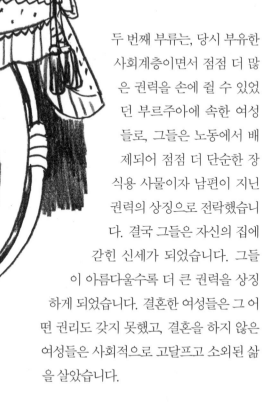

두 번째 부류는, 당시 부유한 사회계층이면서 점점 더 많은 권력을 손에 쥘 수 있었던 부르주아에 속한 여성들로, 그들은 노동에서 배제되어 점점 더 단순한 장식용 사물이자 남편이 지닌 권력의 상징으로 전락했습니다. 결국 그들은 자신의 집에 갇힌 신세가 되었습니다. 그들이 아름다울수록 더 큰 권력을 상징하게 되었습니다. 결혼한 여성들은 그 어떤 권리도 갖지 못했고, 결혼을 하지 않은 여성들은 사회적으로 고달프고 소외된 삶을 살았습니다.

점점 더 벌어지는 계급 격차와 그로 인한 서로 다른 역할, 서로 다른 요구사항에도 불구하고 여성들은 결집하기 시작했습니다. 아나 데 미겔은 여성참정권 운동과 함께 "이론적이고 조직적이며 독자적인 정체성을 지닌 국제적 성격의 사회운동으로서의 페미니즘이 처음으로 등장했다. 이후 다양한 사회주의운동이나 무정부주의운동과 같은 다른 대규모 사회운동 속에서 페미니즘은 중요한 위치를 차지하게 된다"고 설명했습니다.

* 아나 데 미겔Ana de Miguel은 마드리드에 있는 후안카를로스국왕대학교Universidad Rey Juan Carlos 도덕·정치철학과 교수입니다.

해리엇 테일러Harriet Taylor(1807~1858)와 존 스튜어트 밀John Stuart Mill(1806~1873)

해리엇 테일러와 존 스튜어트 밀은 여성참정권 운동의 지평을 확대하고 강화하는 정치이론의 기초를 세웠습니다.

존 스튜어트 밀과 해리엇 테일러는 1830년 여름에 서로 알게 되었습니다. 당시 해리엇은 23세였고 존은 25세였습니다. 해리엇 테일러는 18세에 존 테일러라는 남성과 결혼했었습니다. 존 테일러는 비록 해리엇과 비슷한 수준의 지성을 갖추지는 못했지만(해리엇은 그 사실에 대해 크게 신경 쓰지 않았습니다) 진보 정치에 관심 있는 사업가였으며, 해리엇이 사랑하고 존경하던 사람이었습니다. 해리엇은 훌륭한 성품을 지닌 지적인 여성이었습니다.

당연하게도 해리엇과 존 스튜어트 밀은 서로에게 마음을 빼앗겼습니다. 두 사람이 서로를 알게 되었을 때, 해리엇은 두 아이의 어머니이자 막내 딸 헬렌을 임신한 상황이었습니다. 경제적으로 풍족한 외과의사의 딸로 좋은 교육을 받고 자란 해리엇은 당시 발행되었던 잡지 《월간 보고Monthly Repository》에 자신의 친구들과 함께 정치적으로 급진적인 글을 기고하였습니다.

그들은 함께 힘을 모아 다양한 방면에서 기존의 틀을 깨뜨릴 파격적인 주제들의 목록을 작성하는 데 주도적인 역할을 하면서 사상사에 있어 기본이 되는 저작과 저서를 시리즈로 출간했습니다. 지적으로도 그리고 사적으로도 깊은 관계에 있던 두 사람은, 그 당시 여성은 수동적으로 사랑을 받기만 하는 입장으로 그려지던 낭만주의적 이상에 결코 동의하지 않는다는 것에도 뜻을 함께 했습니다.

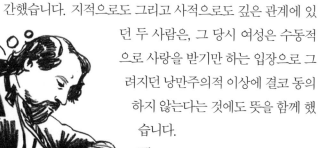

여성의 자유

두 연인은 해리엇의 남편을 존중했고, 청교도가 지배하던 19세기 중반 빅토리아 시대 영국에는 이혼 제도와 관습이 없었다는 점도 고려해 육체적인 관계는 단념하였습니다. 두 사람은 여성들이 자신의 정치적 권리를 위해 투쟁하고 시민권을 꿈꾸기 시작한 시대에 여성과 남성으로 서로를 동등하게 대했습니다.

해리엇과 존 스튜어트 밀의 연애는
당시의 시대적 상황에서 쉽게 받아
들여지는 일은 아니었습니다. 여전
히 그 시대를 살아가야 했던 그들은
그러한 시대상에 굴복했습니다. 그
리고 해리엇의 결혼 생활에 큰 위기
가 올지도 모른다고 걱정했습니다.
문제를 해결하기 위해 부부는(아마
길게 토론할 필요도 없이) 6개월 동안
떨어져 지내기로 결정했습니다.

　네우스 캄피요*에 따르면, 그 길
로 해리엇은 파리로 떠났으며, 그
뒤를 따라 존 스튜어트 밀도 파리로
갔습니다. 그 시기는 해리엇이 남
편과 합의하에 가정생활을 지키면
서도 존과의 친구 관계를 유지할 수
있었던 행복한 시간이었습니다.

그의 남편과 존은 해리엇의 해결책에 동의했습니다. 그는 자신의 생애, 감정과 욕망을 통해 사회가 여성을 위해서라며 만들어낸 규범과 규율은 단지 그들의 자유 앞에 설치된 '댐'에 불과함을 증명했습니다. 해리엇 같은 여성들은 사회가 '여성은 이래야 한다'고 규정한 인물의 성격과 닮지 않았습니다. 교양 있고 지적인 해리엇의 삶에서 남편과 집 그리고 아이들만으로는 충분하지 않았습니다. 그는 자신의 삶을 원했고 그것을 얻기 위해 댐에서 갈라진 틈을 찾아냈습니다.

상황은 이상하게 흘러 곧 온갖 종류의 험담이 나돌았지만, 해리엇과 존은 그들의 특별한 우정이 흔들리도록 놔두지 않았습니다. 사회적 비난이 일자, 그들은 사교 활동을 중단하고 그들이 관계를 맺기 전의 삶까지 비난하는 사람들과의 관계를 끊어버렸습니다.

* 네우스 캄피요Neus Campillo는 발렌시아대학교 철학과 정교수이자 여성학 연구소Institut Universitari d'Estudis de la Dona de la Universitat de València 연구원입니다.

여성
투표권

존 스튜어트 밀이 해리엇 테일러에게 쓴 혼전 편지

페미니즘에서는 존 스튜어트 밀, 특히 1869년에 출판된 그의 책《여성의 종속*La sujeción de la mujer*》과 영국 의회 하원 의원으로서 그가 펼쳤던 정치 활동을 예찬합니다.

밀은 언행이 일치하는 사람이었습니다. 그는 남성이라는 이유로 그에게 수천 가지의 특권을 부여한 당시의 법을 누리려 하지 않았을 뿐만 아니라 그러한 법률에 강력하게 반대했습니다. 20년 동안 우정을 유지해온 해리엇 테일러와 존 스튜어트 밀은 1851년 3월 6일 마침내 결혼했습니다. 밀은 다음과 같은 편지를 썼습니다.

"만일 제게 당신의 승낙을 얻을 수 있는 행운을 허락해주신다면, 이제 제가 지금껏 알고 지낸 여성 중에서 결혼하고 싶은 유일한 여성과 혼인 관계를 맺으려 합니다. 우리의 결혼은 법에서 제정한 혼인 관계의 모든 성격을 갖추겠지만, 테일러 씨와 본인은 모두 상대방의 의도와 의사는 염두에 두지 않은 채 인격, 재산 그리고 타인에 대한 행동의 자유에 관한 법적 권력과 통제를 한쪽에만 부여하는 법에 전혀 동의하지 않는 바입니다. 본인 스스로는 원치 않는 이 권력을 법적으로 버릴 수 있는 방법이 없기에, 이와 같은 권력의 부여와 관련하여 현행법에서 인정하는 혼인에 대해 정식으로 항의하는 바임을 밝히는 것이 나의 의무라고 생각합니다. 그리고 어떠한 경우에도 또는 어떠한 상황에서도 그러한 권력을 결코 행사하지 않을 것임을 엄숙하게 선언하는 바입니다.

또한 테일러 씨와 제가 결혼한다면 우리의 평등한 관계와 마찬가지로 테일러 씨는 모든 면에서 저와 전적으로 동일하게 행동의 자유와 자신이 소유하거나 혹은 언젠가는 소유할 모든 것을 자유롭게 사용할 권리가 보장되는 결혼 생활을 할 것이며, 이는 저의 의지와 의도에 부합하는 것임을 밝히는 바입니다. 그리고 저는 이 결혼으로 얻게 될 모든 권리에 대한 요구를 완전히 포기하고 거부하는 바입니다."

《여성의 종속》(1869)

특별한 관계에서 특별한 작품이 탄생했습니다. 1832년에 그들은《결혼과 이혼에 관한 에세이 *Los ensayos sobre el matrimonio y el divorcio*》를 출간하였습니다. 이 작품에서 그들은 연인 관계를 여성이 예속되지 않는 동등한 사이로 이해하고 이를 실천할 새로운 방법을 모색하였습니다. 자신들의 결혼식에서 읽었던 앞의 편지에서처럼, 이 에세이에도 엿볼 수 있듯, 그들은 자신들의 생각과 일치하는 삶을 살았습니다.

해리엇은 1858년 11월에 숨을 거두었습니다. 부인이 사망한 후 존의 저술 작업을 도왔던 이는 존이 당연하게도 딸로 여겼던, 해리엇의 딸 헬렌이었습니다. 헬렌은 사회와 정치에 대한 생각 그리고 무엇보다도 여성의 권리에 대한 생각을 어머니인 해리엇으로부터 상당 부분 물려받았습니다.

해리엇만큼이나 헬렌이 이 작품에 기여한 바를 존중한 존은 자신의 자서전에《여성의 종속 *La sujeción de la mujer*》에 대한 서평을 썼습니다. 그뿐만 아니라 본문을 소개했습니다.《여성의 종속》은 1861년에 이미 다 쓰였지만, 밀은 1869년에 책을 출간하였습니다. 그는 자서전에 다음과 같이 설명했습니다.

"이 책은 이렇게 중요한 문제에 대한 나의 생각을 가능한 가장 상세하게 결론적인 방식으로 기록으로 남기는 것이 좋겠다는 내 딸의 권유로 쓰게 되었습니다. … 마침내 이 책이 세상에 나오게 되었을 때, 내 딸의 귀중한 의견과 딸이 직접 쓴 구절들이 들어가 책의 완성도를 더 높여주었다. 무엇보다도 이 책은 내가 구성했지만, 가장 실질적이고 깊이 있는 부분은 나의 아내가 쓴 것이며, 우리 두 사람 공동의 생각 그리고 몇몇 주제에 대해 우리가 셀 수 없이 나누었던 대화와 토론의 결과물에서 비롯했다."

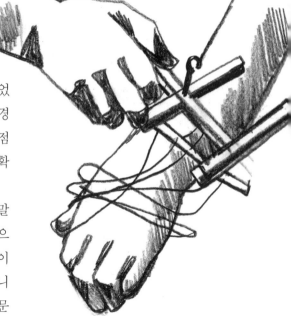

《여성의 종속》의 사회적인 성과는 이례적이었습니다. 이 작품은 마치 여성참정권 운동의 배경음악과도 같은 참고서가 되었습니다. 주된 논점은 자유로운 개인으로서의 여성상을 분명히 확립하는 것이었습니다.

존은 여성이 다른 종속 계급과는 다르다고 말합니다. 남성에 대항하여 집단적인 반란을 일으키기가 매우 어렵기 때문입니다. 존에 의하면 이러한 특징은 남편들이 시중이나 복종뿐만 아니라 아내들의 감정까지 관리하기를 원하기 때문에 나타납니다.

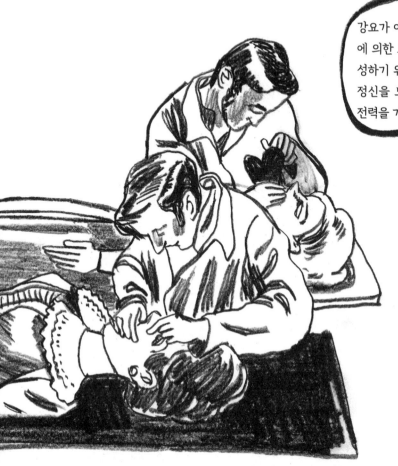

강요가 아닌 자발적인 복종에 의한 노예. 이 목적을 달성하기 위해 그들은 여성의 정신을 노예화하는 교육에 전력을 기울였습니다.

소저너 트루스Sojourner Truth(1797~1883)

소저너 트루스는 여성참정권 운동으로 결집하는 상이한 여성들의 다양한 목소리를 대변하는 좋은 본보기입니다. 소저너는 글자 그대로, '유랑하는 진실'이라는 본인의 이름에 걸맞은 활동을 했으며 여성의 배제를 정당화하는 논변에 강력한 의문을 제기하며 진실을 알리기 위해 노력했습니다.

소저너 트루스는 뉴욕 주의 해방 노예였습니다. 노예들에게 글은 금기 사항이었습니다. 글을 깨우치면 죽을 때까지 처벌받을 수 있었기에 그 역시 읽을 줄도 쓸 줄도 몰랐습니다. 그럼에도 그는 1850년 우스터에서 열린 제1회 전국여성인권대회에 참석한 유일한 흑인 여성이었습니다. 다음 해에 애크런에서 열린 대회에서 그는 〈나는 여성이 아니란 말입니까?¿Acaso no soy yo una mujer?〉라는 제목으로 잘 알려진 강연을 했습니다. 여기에서 소저너는 인종과 젠더로 인한 이중 배제로 괴로움을 겪는 흑인 여성들이 지닌 문제에 초점을 맞췄습니다.

〈나는 여성이 아니란 말입니까?〉

이 자리에 모인 남부 지역 흑인들과 북부 지역 여성들이 모두 권리에 대해 말하고 있으니 조만간 백인 남성들이 난처할지도 모르겠네요. 그런데 지금 여기에서 여러분이 말하고자 하는 게 대체 무엇인가요?

저쪽에 계신 남성 분은 여성들이 마차에 탈 때나 도랑을 건널 때에도 도와줘야 하고 언제나 가장 좋은 자리는 여성에게 양보해야 한다고 말하고 있네요. 그런데 나는 그런 도움을 받아본 적이 없어요. 마차에 오르거나 도랑을 건널 때 도움을 받아본 적도 없고, 좋은 자리를 양보받은 적도 없습니다. 그렇다면 나는 여성이 아니란 말입니까?

나를 봐요! 내 팔을 좀 보세요! 나는 밭을 갈고 곡식을 심어 수확해왔는데, 그 어떤 남성도 나보다 더 뛰어난 사람은 없었어요. 그렇다면 나는 여성이 아니란 말입니까?

나도 얼마든지 남성처럼 일할 수 있고 음식이 충분히 있다면 그들만큼 먹을 수 있어요. 남성만큼이나 나도 채찍질을 견딜 수 있단 말입니다. 그렇다면 나는 여성이 아니란 말입니까?

나는 열세 명이나 되는 내 자식들 거의 모두가 노예로 팔려가는 것을 보았습니다. 그들의 어머니로서 내가 고통에 몸부림치며 울었을 때 예수 말고는 아무도 내 말을 들어주지 않았어요! 그런데도 나는 여성이 아니란 말입니까?

그렇다면 스스로에게 자문해보세요. 머릿속으로 생각하는 게 뭘가요? 뭐라고 하지요?

(객석에서 한 여성이 "지성"이라고 말한다.)

바로 그거예요! 그 지성이라는 게 여성의 권리나 흑인의 권리하고 대체 무슨 상관이 있는 거죠?

내 잔이 절반 채워졌는데 여러분의 잔은 1리터가 가득 채워졌다면, 여러분 중 어느 누구도 내 잔에 나머지 반을 채우지 못하도록 방해할 만큼 이기적인 사람은 없겠지요?

이렇게 말하면 검은 옷 입은 작은 신사 분은 여성이 남성과 동등한 권리를 가질 수 없다고 말하겠지요. 그리스도는 여성이 아니라는 이유를 들면서요. 그리스도는 어디에서 나왔나요? 신과 여성이 낳았잖아요! 남성이야말로 그리스도와 아무런 관계가 없어요!

신이 만든 최초의 여성이 혼자서도 세상을 뒤흔들 만큼 강인한 존재였다면, 여기 함께 뭉친 여성들은 세상을 다시 올바르게 돌려놓을 수 있어요! 그러한 기대가 현실로 이루어져가는 지금, 남성들은 그들이 세상을 바로잡을 수 있도록 내버려두는 것이 좋을 겁니다.

제 말을 들어주셔서 감사합니다. 이제 이 늙은 소저녀는 더 이상 드릴 말씀이 없습니다.

평등의 반대말은 차이가 아니라 불평등입니다

소저너 트루스의 연설은 흑인 여성들의 페미니즘이 발전하도록 길을 열었습니다. 그리고 여성들의 태생적인 약점이라고 여겨지던 것들 또는 여성은 일을 잘 못하고 책임감이 없다는 등의 이야기는 모두 터무니없고 허황된 헛소리에 불과했다는 사실을 보여주었습니다.

'아무도 아니었던 여성들'이 공적인 장소에 등장하기 시작했습니다. 침묵을 강요받던 여성들이 목소리를 되찾아갔습니다. 여성참정권 운동은 나날이 번성하였고 19세기 후반에서 20세기 초반에는 더욱 공고해진 페미니즘에 명성을 더할 각양각색의 여성들이 모여들어 이 운동을 진전시킬 방법에 대해 생각하고 재고하며 전략을 구상하고 수정하는 과정이 계속되었습니다.

대중에게 여성이 처한 현실과 권리에 대해 이야기하기 위해 자리에서 일어나는 유색인종 여성을 보는 것은 불쾌감과 함께 휘파람을 불고 싶은 기분 비슷한 무엇인가를 불러일으킨다는 것을 알아요. 우리 모두를 그렇게 얕잡아봤기 때문에 아무도 우리가 다시 일어날 것이라고 예상하지 않았지요.*

소저너 트루스

* 앤절라 데이비스의 《여성, 인종 그리고 계급Mujeres, raza y clase》에서 발췌.

별난 여성들의 등장: 여성 노동자들

해리엇 테일러와 존 스튜어트 밀이 앞 세대 페미니즘의 유산을 받아들여 잘 정리해두긴 했지만, 메리 울스턴크래프트나 올랭프 드 구즈 그리고 콩도르세[6] 각자의 목소리가 여전히 강력한 반향을 불러일으켰습니다. 그래서 그것은 더 이상 단두대나 국외 추방 그리고 나폴레옹 법전에서 그치지 않았습니다. 여성들의 자유에 대한 요구를 가라앉히기 위한 시도가 많았는데, 아멜리아 발카르셀은 이를 "낭만적인 미소지니 기념비"라고 불렀습니다.[7] 그는 19세기의 주요 지식인들이 왜 여성들이 배제되어야 하는가에 대한 이론을 정립했다고 주장합니다. 역설적이게도 이성의 지도 아래, 루소의 이분법적인 사상과 새로운 지식의 시대가 펼쳐지던 당시 거의 모든 영역에 영향을 끼친 헤겔, 쇼펜하우어, 키에르케고르, 니체 등 수많은 지식인들의 이론이 더해지게 되었습니다.

연약함 수동성 가정적인 공주 여성—어머니

교육의 권리 노동의 권리

많은 남성들은 그들의 이론에—그리고 어쩌면 그들의 욕망에도—가정적이고 연약하며 순종적이고 수동적인 공주이며 여성이자 어머니의 이미지를 정립하려고 노력했습니다. 그래서 남성들은 여성 노동자들이 자신의 권리를 요구하기 시작했을 때 노예로 일하며 살았던 흑인 여성들이 권리를 주장했을 때와 마찬가지로 어찌할 바를 몰랐습니다.

플로라 트리스탄Flora Tristán(1803~1884)

그는 계몽주의 페미니즘과 계급주의 페미니즘의 과도기에 살았던 여성입니다. 사회주의 페미니스트라는 새로운 조류의 선구자이자 선발대라고 할 수 있는 플로라 트리스탄은 자신의 상황을 다음과 같이 설명했습니다.

"나는 세상의 모두와 척을 지고 있습니다. 나는 여성의 해방을 요구하기 때문에 남성들과 척을 지고, 노동자의 해방을 요구하기 때문에 자본가들과 척을 지고 있지요."

트리스탄은 파리 출신 어머니와 페루 귀족 아버지 사이에서 태어났습니다. 빌바오에서 치른 부모님의 결혼식은 프랑스에서 법적 효력이 없었지만 그들은 굳이 공증을 받으려 애쓰지 않았습니다. 그래서 아버지의 갑작스러운 죽음 이후 가정은 무너졌고 플로라는 사생아가 되었습니다. 그는 열일곱의 나이에 앙드레 샤잘André Chazal의 작업실에서 조명 담당으로 일하기 시작했습니다. 일 년 후, 경제적인 문제로 그들이 살던 집을 떠나야 했던 플로라의 어머니는 그가 앙드레와 결혼하도록 떠밀었습니다.

세상의 모든 불행은 여성의 정당하고 절대적인 권리에 대한 망각과 경멸에서 비롯됩니다.

플로라에게 이 결혼은 평생 엄청난 후과를 가져다주었습니다. 그는 정신적인 학대와 육체적이고 성적인 남편의 폭력에 시달렸습니다. 그 시대에 프랑스에서 이혼은 불법이었기에 플로라는 남편과 별거하고—남편이 찾지 못하도록 은둔 생활을 했습니다—1826년부터 1831년까지 가정부, 에스코트, 번역가, 육아 도우미 등으로 일했습니다. 오직 그의 딸 알린Aline—화가 폴 고갱Paul Gauguin의 어머니—만이 이따금씩 플로라와 여행을 했습니다. 첫째였던 알렉상드르Alexandre는 여덟 살에 세상을 떠났고 또 다른 아들 에르네스트Ernest의 양육권에 대해서는 사법부가 남편의 손을 들어주었기 때문입니다.

그러나 그 어떤 것도 플로라 트리스탄을 낙담시키지 못했습니다. 이는 그의 친딸을 겁탈하려 시도하고 길거리에서 플로라를 살해하려고 달려들 정도로 극에 달한 앙드레의 난폭함도 예외가 아니었습니다. 마흔 한 살이 되어 플로라 트리스탄은 페루로 20개월 동안 여행을 떠났고, 영국에 거주하며 이탈리아와 스위스를 여행하기도 했습니다. 페루와 영국에서의 여정은 그의 저서 중 가장 중요한 작품《낙오자의 순례Peregrinaciones de una paria》(1838)와《런던 산책Paseos en Londres》(1840)에 소재를 제공하였습니다.

《노동조합*LA UNIÓN OBRERA*》(1843)

플로라 트리스탄은 아프리카와 아메리카 대륙에서 노예제를 폐지할 것을 표명하고 변호했으며, 초기 자본주의가 성장하던 영국에서 경제적으로 궁핍한 사회적 집단의 생활을 "인간 이하의 삶"이라고 꼬집어 말하며 당시의 불행을 고발한 선구자적 언론인입니다. 다양한 형태의 착취, 배제, 복종 그리고 비참한 참상을 찾아내 알리는 방법을 잘 알던 플로라는 자신의 보고서를 통해 죄수, 매춘부, 피난민 등에 대해 이야기했습니다.

자신의 다른 남자 동기들과 다르게 어린 소녀는 학교 대신 집에서 자랄 것이다. 그 아이는 갓난아이들을 재우고, 장을 보고, 요리할 때 어머니를 도우며 집안일을 해야 하기 때문이다. 열두 살이 되면 그 아이는 공장에 견습공으로 취직하겠지만, 거기에서 또 다시 공장장에게 착취당하면서, 집에서 부모님에게 당했듯이, 걸핏하면 학대를 당할 것이다.

플로라 트리스탄은—"남성 노동자들과 여성 노동자들에게"처럼—남성형과 여성형을 함께 말하고 썼습니다. 그리고 저서 《노동조합》의 "나는 왜 여성들을 언급하는가?"라는 장에서 그 이유를 설명했습니다. 구체적인 자료를 제시하며, 스스로 화자로 등장하는 이 장에서 그는 당시 여성 노동자들이 겪던 참혹한 상황을 묘사하며, 만약 여성들이 교육받지 못한다면 그 이유는 '바로 그것이 자본주의사회에서 경제적으로 매우 돈벌이가 되기 때문'이라고 단언했습니다.

플로라는 《노동조합》에서 "노동자들이 불행하고 무지하게 된 상황"을 개선시킬 방안을 제안했습니다. 그가 제시한 계획은 남성 노동자들과 여성 노동자들이 모두 포함된 세계 연맹—이는 사실상 국제주의(인터내셔널리즘)의 시초로 평가할 수 있습니다— 또는 그가 "노동조합 회관"이라 부르는 건물을 세우는 것인데, 이들은 모두 복지국가의 초기 단계와 유사한 측면이 있습니다.

페미니즘과 마르크스주의의 불행한 결혼

19세기 중반에 마르크스주의의 영향을 받은 사회주의가 노동운동에 도입되기 시작했습니다. 그리고 마르크스주의와 페미니즘은 이내 서로의 이론에 매료되었습니다. 둘 다 현실을 비판적으로 바라볼 뿐 아니라 다루는 모든 주제에 정치적 성격을 부여하는 이론이기 때문입니다. 예를 들어, 마르크스주의에서 사회계층이나 잉여가치에 대해 언급하는 것은 현실을 정치화하고 국제 노동조합 형성의 기반을 다지는 의미를 지닙니다. 마찬가지로 페미니즘에서는 성적 학대와 빈곤의 여성화를 언급하면서 이를 정치화하고자 노력했습니다.

로사 코보*는 마르크스주의의 등장과 동시에 페미니즘은 이 새로운 이론과 결합했다고 설명했습니다. 왜냐하면 마르크스주의는 역사적 인간의 관계를 지배와 종속의 코드로 읽어내는 첫 번째 이론이었기 때문입니다. 이는 페미니즘도 마찬가지였지만, 한 가지 차이점이 있었습니다. 마르크스주의는 가부장제 또는 남성의 여성 지배와 같은 다른 종류의 지배 시스템을 분석할 역량을 갖추지 못했다는 것입니다. 그래서 이 두 이론은 서로 동질감을 느꼈지만, 그와 동시에 끊임없이 논쟁을 벌였습니다.

마르크스와 페미니즘의 관계를 불행한 결혼에 빗대어 처음 말한 사람은 하이디 하르트만 Heidi Hartmann**이며, 이후에 많은 여성 작가들이 그 표현을 빌려 썼습니다. "여성 문제"는 정통 마르크스주의자들이 주장하는 것보다 훨씬 더 복잡한 주제임은 분명했습니다. 마르크스와 엥겔스가 주장하는 것처럼 '여성은 억압을 받아왔고 원인은 자본주의 시스템이었다'라고 단순하게 말하는 것은 문제의 핵심을 파악하지 못한 것이었습니다.

계급적·사회주의적·공산주의적 페미니즘은 참정권 운동가들의 페미니즘과 함께 전개되었습니다. 그러나 여성들은 여전히 "유보 사항"이었습니다. 마르크스주의자들에게 중요한 것은 프롤레타리아 혁명이지, 여성의 혁명이 아니었습니다. 마르크스주의자들은 프롤레타리아혁명이 성공적으로 끝나면 그 다음에 당연히 여성의 혁명도 이룰 수 있을 것이라고 했습니다. 그러나 이미 수차례 배신당한 경험이 있는 많은 여성들은 그들의 말을 믿지 않았습니다. 앞으로의 역사가 이를 증명해줄 것입니다.

* 로사 코보Rosa Cobo는 라코루냐대학교 젠더사회학 종신교수이자 젠더·페미니스트연구센터의 센터장입니다.

** 하이디 하르트만은 경제학자이자 여성정책연구소IWPR의 창설자이며 소장입니다. 조지워싱턴대학교 교수이자, 《여성, 정치 그리고 정책Women, Politics & Policy》의 발행인입니다.

클라라 체트킨Clara Zetkin(1857~1933)

사회주의 페미니스트 운동의 기반을 닦은 사람은 독일의 클라라 체트킨이었습니다. 그는 잡지 《평등*Igualdad*》을 발행했고 1907년에는 독일의 슈투트가르트에서 국제여성회의를 조직했는데, 이 회의는 1978년에 국제사회주의여성회로 이름을 바꾸어 오늘날까지 유지되고 있습니다.

활발한 공산주의 활동가였던 체트킨은 페미니즘의 이론적 측면보다도 실천에 있어서 훨씬 더 중요한 인물이었습니다. 대중을 설득하는 것이 목적이었던 그는 무엇보다도 연설문과 팸플릿 작성을 통해 대중을 교육하고 독려하는 데에 힘썼습니다.

클라라 체트킨이 보기에 프롤레타리아 문제는 그들 '남편'들과 크게 관련된 것은 아니었다고 아나 데 미겔은 설명했습니다. 그들의 '남편'들은 자본주의 시스템과 경제적 착취만의 문제가 아니기 때문입니다. 또한 그는 투표권을 지지했습니다.

그는 마르크스주의가 여성에게 근본적으로 기여한 바는 그들이 생산 체계 속으로 들어가도록 지지한 것이라고 생각했습니다. 그러나 베벨이 인정했듯이 그러한 인식은 노동운동 집단 내에서 주도적인 것은 아니었습니다. 사실 클라라 체트킨은 레닌의 무자비한 비판에서도 알 수 있듯이 본인이 몸담은 당 내에서도 비판을 받던 인물이었습니다.

"클라라, 당신들의 실패 목록을 모두 나열하지도 못하겠습니다.
당신들은 여성 노동자들과 함께 밤이 새도록 책을 읽고 토론을 해가며 특히 성 문제, 결혼의 문제점에 대해 논의한다고 사람들이 말하더군요. 그것이 마치 정치 교육과 교양에 있어서 핵심이라도 되는 것처럼. 그 말을 들었을 때 나는 믿을 수 없었습니다. 세계 최초의 프롤레타리아 정권은 전 세계를 상대로 싸우고 있는데. … 그러는 동안 공산주의 활동가들은 현재, 과거 그리고 미래의 성 문제와 결혼 문제에 대해 '검토'씩이나 하다니요!"

'3월 8일'의 역사

- 1909년. 미국의 사회당에서 선언한 바에 따라 2월 28일 미국 전역에서 처음으로 여성의 날을 기념했습니다. 이는 1913년까지 매년 2월 마지막 주 일요일에 시행되었습니다.

- 1910년. 코펜하겐에서 열린 사회주의인터내셔널 국제여성노동자회의에서는 봉제 공장 여성 노동자들의 파업을 기리던 미국 여성 대표들과 연대하는 의미로 세계 여성의 날(여성 노동자의 날)을 선언했습니다.

- 1911년. 트라이앵글 셔츠웨이스트 공장주가 저지른 방화로 끝나버린 섬유 공장 파업이 있었던 해였습니다. 화재는 1911년 3월 25일 토요일에 뉴욕에서 발생했으며 도시 역사상 가장 많은 사상자를 낸 산업재해로 기록됩니다. 화마가 휩쓸고 간 자리에서 화상을 입거나 연기에 질식하거나 붕괴된 건물 잔해에 깔려 146명의 여성 노동자들이 사망했습니다. 이토록 처참한 비극은 공장의 주인이 비상계단과 출구의 모든 창문을 잠가서 화염 속 노동자들이 건물 밖으로 탈출할 수 없었기 때문에 생겨났습니다.

- 1911년. 이전 해 코펜하겐에서 채택된 결의안의 결과로 여성과 남성 참석자 백만 명 이상이 모인 회의(국제여성노동자회의)를 통해 독일, 오스트리아, 덴마크, 스위스에서 처음으로 세계 여성의 날이 제정되었습니다(3월 19일). 여성들은 투표할 권리와 공직에 종사할 권리 외에도 노동할 권리, 전문 교육을 받을 권리 그리고 직장 내 차별 금지에 대한 권리를 요구했습니다.

- 1913년. 제1차 세계대전 직전에 일어난 반전 평화 운동의 테두리 안에서 러시아 여성들은 1913년 2월 마지막 주 일요일에 세계 여성의 날 행사를 진행했습니다.

- 1917년. 제1차 세계대전에서 러시아 군인 200만 명이 사망한 상황에 항의하는 러시아 여성들은 2월 마지막 주 일요일에 "빵과 평화"를 외치며 파업에 돌입했습니다. 정치 지도자들은 파업을 비판했지만, 여성들은 결국 해냈습니다. 새로운 역사가 열렸습니다. 나흘 뒤 러시아 황제는 퇴위했고 임시정부는 여성들에게 투표권을 부여하였습니다(러시아 2월 혁명). 이 역사적인 일요일은 당시 러시아에서 사용하던 율리우스력으로는 2월 23일이었지만, 다른 국가에서 사용하던 그레고리력으로 환산하면 3월 8일이었습니다.

- 1975년. 세계 여성의 해에 유엔은 3월 8일을 세계 여성의 날로 지정하였습니다.

알렉산드라 콜론타이|Alexandra Kollontai(1872~1952)

스물여섯 살에 자신의 부유한 귀족 가문 가족과 이별을 결정한 알렉산드라는 떠나는 기차 안에서 자신의 아들 조이아Zoia에게 편지를 썼습니다. "비록 우리 가족의 사랑을 잃게 된다는 슬픔으로 심장이 견딜 수 없이 고통스럽지만, 내게는 가족의 행복보다 더 중요한 과업이 있단다. 나는 노동계급의 자유와 여성의 권리 그리고 러시아 민중을 위해 싸우고 싶구나."

알렉산드라 콜론타이는 마르크스주의에 한 걸음 더 다가가 자신의 생각을 더욱 발전시켰습니다. 그의 생각은 1970년대 급진적 페미니즘의 바탕이 되었습니다. 러시아의 부유한 귀족 가문뿐 아니라 남편—알렉산드라는 자신의 사촌을 너무나 사랑해 가난한 젊은 엔지니어였던 그와 결혼했습니다—과 아들로부터 멀어진 그는 스위스의 취리히 대학에서 마르크스주의 이론을 공부했습니다. 그리고 멈추지 않았습니다.

1907년에 처음으로 여성 노동자들의 모임이 열렸습니다. 그러나 바로 다음 해에 알렉산드라는 러시아를 벗어나야만 했습니다. 1917년까지 유럽과 미국에서 망명 생활을 했던 그는 조국으로 돌아와 레닌의 소비에트 정부 중앙위원회[8]의 여성 위원이 되었습니다. 1922년에는 외교 대표단으로 오슬로에 파견되기도 했습니다. 그는 1942년 뇌졸중을 겪은 뒤에도 휠체어에 의지해 3년이나 더 대표단을 지휘하는 저력을 과시했습니다.

알렉산드라의 주장에서 가장 중요한 점은 마르크스의 생각을 본인의 것으로 소화시킨 데 있습니다. 즉, 더 좋은 세상을 만들기 위해서는 경제 발전에서 더 나아가 새로운 인간상이 등장해야 한다는 것입니다. 그는 자유연애, 여성의 동일임금, 낙태 합법화, 가사노동과 육아의 사회화를 주장했습니다. 그 중에서 알렉산드라가 강력하게 지지한 것은 여성의 사적이고 성적인 삶에 있어서의 변화 필요성이었습니다. 그에게 있어서, 경제적 독립은 물론이고 심리·감정에 있어서도 독립적인 새로운 여성상은 불가피했습니다.

아나 데 미겔을 비롯한 수많은 전문가들에게 있어서 알렉산드라 콜론타이는 페미니즘과 마르크스주의를 보다 합리적이고 체계적인 방식으로 연결한 사람이었습니다. 왜냐하면 콜론타이는 여성들을 사회주의혁명에 한정짓지 않으면서 그들에게 필요한 혁명이 무엇이었는지를 분명히 보여주었기 때문입니다.

알렉산드라는 사유재산이 폐지되고 여성들이 집 밖에서 노동하는 것만으로는 만족할 수 없었습니다. 여성들에게 필요한 혁명은 일상생활에서의 혁명, 관습에서의 혁명, 무엇보다도 남녀관계에 있어서의 혁명이었기 때문입니다. 콜론타이에게는 여성의 자유가 "보류"된다고 말하는 것보다는 차라리 혁명이 보류된다고 말하는 편이 더 이치에 맞는 일이었습니다.

엠마 골드만Emma Goldman(1869~1940)

골드만은 1869년 러시아의 차리스트들이[9] 거주하는 동네에서 태어나 1940년에 캐나다에서 사망한 뒤 시카고에 안장되었습니다. 엠마는 어린 시절 자신에게 폭력을 행사한 아버지에게서 벗어나(그는 이를 "유년 시절의 악몽"이라 말했습니다) 미국으로 가고자 조국 러시아를 떠났습니다. 그 과정에서 열다섯 살 때 아버지의 거짓말에 넘어가 시작한 결혼 생활도 끝냈습니다. 골드만은 공장에서 2년 동안 일했는데, 그곳에서 알게 된 혁명적인 여성들의 페미니즘 운동에 합류했습니다. 미국으로 간 그는 또 다른 공장에서 일자리를 구해 다른 나라 출신의 동료와 결혼했고—얼마 지나지 않아 이혼했습니다—아나키즘에 관심을 갖게 되었습니다. 그때부터 엠마는 항상 자신의 강연과 저서에서 아나키즘과 페미니즘을 연결시켰습니다.

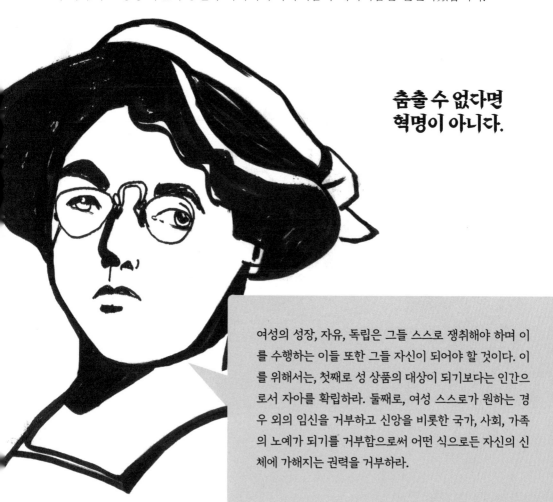

**춤출 수 없다면
혁명이 아니다.**

여성의 성장, 자유, 독립은 그들 스스로 쟁취해야 하며 이를 수행하는 이들 또한 그들 자신이 되어야 할 것이다. 이를 위해서는, 첫째로 성 상품의 대상이 되기보다는 인간으로서 자아를 확립하라. 둘째로, 여성 스스로가 원하는 경우 외의 임신을 거부하고 신앙을 비롯한 국가, 사회, 가족의 노예가 되기를 거부함으로써 어떤 식으로든 자신의 신체에 가해지는 권력을 거부하라.

1915년 3월 28일, 미국 뉴욕 선라이즈클럽의 600여 명 청중 앞에서 골드만은 최초로 피임을 어떻게 해야 하는지에 대해 설명했습니다.

암파로 비야르*는 그 즉시 체포된 엠마는 격렬하고 떠들썩한 재판을 거친 후 교도소에 15일간 수감되거나 100달러의 벌금을 내는 것 중에 선택할 권리가 주어졌다고 기술했습니다. 엠마는 교도소를 선택했고 법정에서는 박수갈채가 쏟아졌습니다. 수많은 미디어에서는 다음과 같이 보도했습니다.

"엠마 골드만은 여성들은 '언제나 입은 다물지 말고 성기는 쉽게 열지 말 것'을 주장한 혐의로 구속되었다."

골드만은 여성에게 변화란 투표권 같은 개혁에서 오는 것이 아니라고 강조했습니다. 그는 편견, 관습 그리고 풍습의 중압감으로부터 "자유"로운 권력을 정복함으로써 얻어지는 것들이 아닌 여성 스스로가 일으키는 혁명이 중요하다고 했습니다. 여성의 억압적인 상황을 성 문제에 집중시킨 엠마의 분석은 그의 페미니즘이 그가 살았던 시기의 페미니즘보다 훨씬 더 앞서나갔던 것임을 보여줍니다.

골드만이 보기에 성차별 문제는 사회가 여성에게 휘두르는 가장 큰 무기였습니다.

전쟁의 문제를 폭로한 혐의로 2년 동안 교도소에 수감되고 제1차 세계대전 이후 미국에서 추방된 엠마는 이후 러시아에서 볼셰비키에 대항했고, 내전 중인 스페인에서 아나키즘을 위해 싸우며 여생을 보냈습니다.

* 암파로 비야르Amparo Villar는 사회교육 분야에서 학위를 취득한 알다르테ALDARTE의 공동 설립자입니다.

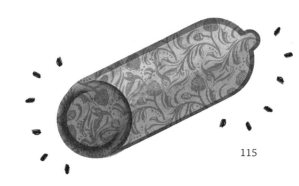

세계대전의 공백기

영국 여성들은 제1차 세계대전(1914~1917)이 종전된 후에 투표권을 쟁취하였습니다. 그리고 같은 해인 1917년 러시아혁명이 발발하였습니다. 제2차 세계대전(1939~1945)이 끝난 후에 대부분의 선진국과 식민 지배에서 벗어나는 과도기에 있던 국가에서 여성의 투표권이 현실화되었습니다.

전간기[10]에는 세계 곳곳에서 투표권과 고등교육의 권리라는 목표가 달성됐지만, 사실 "성공 가도를 달리던" 페미니즘이 쇠퇴한 시기로 기록되고 있습니다. '제2의 물결' 시대가 막을 내리고 있었습니다.

이후의 새로운 시대를 위한 이론적 토대를 다진 이는 바로 시몬 드 보부아르였습니다.

보통선거권

대영제국 (1928년)

미합중국 (1920년)

아이슬란
(1915년

스4
(197

온두라스
(1955년)

포르투갈
(1975년)

멕시코
(1953년)

스페인
(1931년)

알제
(196

베네수엘라
(1947년)

니카라과
(1955년)

도미니카공화국
(1942년)

에콰도르
(1929년)

자메이카
(1944년

엘살바도르
(1950년)

파나마
(1946년)

브라질
(1932년)

콜롬비아
(1954년)

볼리비아
(1952년)

코스타리카
(1949년)

파라과이
(1961년)

칠레
(1949년)

아르헨티나
(1947년)

덴마크
(1915년)

노르웨이
(1913년)

스웨덴
(1919년)

오스트리아
(1918년)

소비에트연방
(1918년)

핀란드
(1906년)

이탈리아
(1945년)

프랑스
(1945년)

독일
(1919년)

중화인민공화국
(1946년)

조선민주주의인민공화국
(1946년)

아프가니스탄
(1965년)

이란
(1963년)

인도
(1950년)

대한민국
(1948년)

일본
(1945년)

이집트
(1956년)

호주
(1902년)

리히텐슈타인
(1984년)

부르키나파소
(1956년)

뉴질랜드
(1893년)

남아프리카공화국
(1994년)

* 출처: 조니 시거, 《세계 여성 지형도*Atlas del estado de la mujer en el mundo*》, Akal, 마드리드, 2001.

시몬 드 보부아르Simone de Beauvoir(1908~1986)

1908년 파리에서 태어난 시몬 드 보부아르는 아주 영민한 청년이었습니다. 매우 총명했던 그는 일찍 학업을 마치고 이른 나이에 독립할 수 있었습니다. 시몬이 스물한 살이 되던 해에 마지막 시험을 준비하면서—소르본대학 철학과에서 학위를 받았습니다—사르트르를 알게 되었습니다. 시몬보다 세 살 연상이었던 '실존주의의 아버지'는 이전에 낙제했던 졸업 시험을 준비하고 있었습니다. 그때부터 시몬과 사르트르는 특별한 관계를 맺었는데, 이에 대해 시몬이 사르트르에 굴복했다고 여긴 대중들과 일부 페미니스트들은 시몬을 비난하기도 했습니다. 두 사람은 결혼을 하거나 한 지붕 아래에서 함께 살지는 않았지만, 그들의 관계는 사르트르가 죽기 전까지 계속됐습니다.

여성으로 태어나는 것이 아니라, 여성으로 만들어진다.

교육

종교적 신념

순종

시몬은 자신의 자서전에 "주변인"으로 살아온 정서를 공통으로 느끼는 마흔을 넘긴 여성들과 대화한 내용을 담았습니다. 이 대화를 통해 그는 대부분의 여성들이 자신의 인생에서 맞닥뜨리게 되는 곤란, 함정 그리고 난관에 대해 생각하게 되었습니다. 마흔이 되었을 때 시몬은 자기 자신에 대해 글을 써야 할 필요성을 느꼈습니다. 글쓰기에 앞서 그는 "여성이 된다는 것은 나에게 어떤 의미일까?"라는 질문을 제기했습니다.

처음에는 아무 대답도 할 수 없었습니다. "나는 단 한 번도 여성이라는 이유로 열등감을 느껴본 적이 없었다. … 그 어떤 경우에도 내게 여성성이 부담으로 작용한 적은 없었다." 그러나 사르트르는 시몬과 이 주제에 대해 토론하면서, 시몬이 남성과 동등한 교육을 받지 않았다고 지적했습니다. 그로 인해 시몬은 다시 자문해보게 되었습니다.

《제2의 성》(1949)

《제2의 성*El Segundo Sexo*》으로
시몬 드 보부아르는 진정한 페미니
스트가 되었습니다. 이 프랑스 철학자가
1949년에 자신의 저서를 발표하기 전까지
만 해도, 그는 스스로를 페미니스트로 생각하
지 않았고 그 어떤 정치적 의도도 갖지 않았으며
페미니즘을 주장하지도 않았습니다. 책 출판 당시
에 마흔한 살이었던 시몬 드 보부아르는 단지 철학자
이자 작가로 잘 알려진 인정받던 여성이었습니다.

그러나 그가 질문을 "재설정"함으로써, 〈사실과 신화〉와 〈체험〉으로 구성된 《제2의 성》이 세상에 나왔으며, 이는 페미니즘 역사에서 가장 영향력 있는 책 중 하나가 되었습니다. 아니, 그 이상이었습니다. 셀리아 아모로스*는 20세기 후반에 일어난 페미니즘의 주요한, 어쩌면 모든 사건은 《제2의 성》에 달린 각주에 이미 해설되거나 기록되었다고 볼 수 있다고 말했으며, 테레사 로페스 파르디나는 이 유명한 에세이가 페미니즘 이론의 역사에 이정표를 남겼다고 말했습니다. 왜냐하면 이 책이 제2차 세계대전 이후 페미니즘을 다시 일으켰을 뿐만 아니라 여성의 상황에 대해 쓰인 수많은 작품들 중에서도 가장 완성도가 높기 때문입니다.

사실, 시몬 드 보부아르가 《제2의 성》을 쓸 당시 페미니즘은 삐걱대고 있었고, 여성참정권 운동이 목적을 달성한 후 이제 더 이상 존재할 이유가 없어 보였습니다. 아멜리아 발카르셀은 그렇기 때문에 이 작품이 여성참정권 운동의 끝에 놓일지 아니면 페미니즘 세 번째 물결의 시초에 놓일지 결코 알 수 없는 문제라고 설명했습니다. 그렇지만 오히려 그 때문에 성공을 거둘 수 있었을 것입니다. 시몬 드 보부아르는 군인들을 위해 글을 쓴 것이 아니었기 때문에 그의 저서 역시 딱딱한 명령조가 아닌 "끊임없이 설명하는 보고서"처럼 쓰였습니다. 시몬은 여성참정권주의자들과 많은 부분을 공유했지만, 그 당시 페미니즘이 그랬듯이 무언가를 요구하기보다 설명하려 했고, 설득하려고 노력했습니다.

이 작품이 단번에 주목을 받았던 건 아니었습니다. 그러나 영어로 번역되어 북미의 페미니스트들이 열광하기 시작하면서, 프랑스에서도 반향을 일으켰습니다. 이내 200만 부가 팔려나가고 16개의 다른 언어로 번역되었습니다. 그가 책에 담은 내용은 단순히 불특정 다수인 "그들"로 대변되는 여성들에 대한 것이었습니다. 그러나 책이 출판된 후 몇 년 동안 전 세계 독자들로부터 감사의 인사와 자신의 경험을 담은 편지를 받으면서 그 스스로도 생각을 바꾸게 되었습니다. 이렇게 《제2의 성》은 작가 본인도 페미니스트로 만들었던 것입니다.

* 셀리아 아모로스Celia Amorós는 스페인의 철학자이자 국립방송교육대학교 도덕·정치철학 교수로, 2006년에 여성 최초로 국립문학상 에세이 부문을 수상했습니다.

〈사실과 신화〉

그렇다면《제2의 성》은 무엇을 말하고 있을까요?

시몬은 남성과의 관계에서 여성은 언제나 "타자"로만 취급당해왔다는 이론을 제시합니다. 그런데, 다른 수많은 경우와는 다르게 이 관계에서는 상호성이 전제되어 있지 않다고 시몬은 말합니다. 예를 들면, 어떤 민족에게 다른 민족들은 "외국인"인 것처럼, 이 "외국인"에게 다른 이들은 자신들이 외국인이라고 부르는 이들일 것입니다. 따라서 타자라는 개념은 상호적인 것입니다. 그러나 여성들에게는 이런 일이 일어나지 않습니다. 남성은 그 어떤 경우에도 "타자"가 되지 않기 때문입니다. 오히려 남성은 세상의 중심이고 모든 경우에 있어서 기준이자 권력이 됩니다. (이렇게 남성이 모든 경우의 기준이 되는 것을 후기 페미니즘에서는 '남성중심주의라고 부르게 됩니다.)

시몬 드 보부아르는 여성들은 매 순간 남성에게 인정받아야 했다고, 항상 남성이 기본이 되면서 여성은 그와 비대칭 관계에 있다는 결론에 도달합니다. 여성들이 한 가지 공통적인 상황을 겪는다고 생각한 그는 헤테로-지정Heterodesignación[11] 개념을 발전시킵니다. 그가 생각한 공통적인 상황이란, 남성들이 여성들을 자신의 삶에서 주체로서 존재하지 못하게 강요하고, 여성에게 투영시킨 자신들의 욕망에 여성들이 스스로 맞출 것을 강요하는 것입니다.

또한 시몬은 일하는 방식에 있어서 새로운 장을 열었는데, 이는 제3의 물결 시대의 페미니즘의 특징인 '학제적 특성'의 원천이 됩니다.

제1권을 결론짓기 위해 프랑스 철학자는 생물학, 심리학, 사적유물론 등의 자연과학과 인문학을 연구했습니다. 그 후에는 서양 역사와 문화에 관한 신화를 살펴보았습니다.

그는 모든 책들을 끝까지 읽어보았지만, 그 어디에도 여성의 종속을 설명할 만한 생물학적이거나 자연적인 요소가 없었습니다. 청동기 시대부터 문화는—여성들이 잉태했던 것처럼—생명을 부여하는 이보다—남성들이 전쟁을 일으키거나 새로운 영토를 정복했던 것처럼—생명 파괴의 위험을 무릅쓴 이에게 더 많은 가치를 부여해왔던 것입니다.

〈체험〉

〈사실과 신화〉에서 분석과 연구 작업을 끝낸 후, 시몬은 아주 유명한 하나의 문장으로 〈체험〉을 시작합니다. "여성은 여성으로 태어나는 것이 아니라, 여성으로 만들어진다." 아멜리아 발카르셀에 따르면 철학자 시몬에게 중요했던 점은 "인류가 여성이라는 인간에게 무엇을 행해왔는지 아는 것"이었습니다. 이 문장은 후기 페미니즘이 젠더 이론을 정립하는 데 밑거름으로 작용합니다. 풀랭 드 라 바르에서부터 메리 울스턴크래프트, 해리엇 테일러에 이르기까지, 많은 이들이 여성에 대한 차별을 정당화할 만한 생물학적 근거는 아무것도 없다는 사실과 양성 사이에 다른 점은 오직 생물학적 성별이라는 점을 밝혔습니다. 그럼에도 문화적으로는 여성과 남성을 구별짓고 있으며 어떻게 행동해야 하는지도 각각 다르게 요구된다는 사실 역시 이미 입증되어 왔습니다. 그러나 그 누구도 시몬 드 보부아르가 말한 것처럼 깊이 있고 간결하면서도 집약적으로 설명한 이는 없었습니다.

"여성은 여성으로 태어나는 것이 아니라, 여성으로 만들어진다." 이 철학자는 문화와 인간의 본성을 분리시킬 것을 주장하였으며 젠더라는 것은—비록 당시에 그가 젠더라는 단어를 사용하지는 않았지만—사회적으로 만들어진 규범에 불과하다는 생각을 심화시켰습니다.

하지만 시몬 드 보부아르의 가장 놀라운 점은《제2의 성》을 통해 페미니스트 전통의 길고 긴 사슬 가장 깊은 곳에서 다음 세대를 연결시켜줄 고리로서 자기 자신을 발견해냈다는 것입니다. 사실, 〈사실과 신화〉는 두 가지 인용문으로 시작합니다. 첫 번째 인용문은 피타고라스의 말이고 두 번째는 풀랭 드 라 바르의 것입니다.

풀랭 드 라 바르

질서와 빛 그리고 남성을 만들어낸 훌륭한 원칙이 있다. 반면에 무질서와 어둠 그리고 여성을 만들어낸 형편없는 원칙도 있다.

피타고라스

남성이 여성에 대해 쓴 모든 글들은 의심해봐야 한다. 그들은 심판자인 동시에 장본인이기 때문이다.

《제2의 성》에 켜켜이 쌓인 침전물은 50여 년에 걸쳐 깊이 세상에 스며들었습니다. 제2차 세계대전 이후 투표권과 교육권을 쟁취한 이들의 딸들로 이루어진 새로운 세대의 수많은 페미니스트들이 이 책을 찾아 읽었습니다.

이제 대학 교육을 받은 그들의 딸들은 페미니즘의 새로운 시대, 세 번째 물결의 막을 열 것입니다.

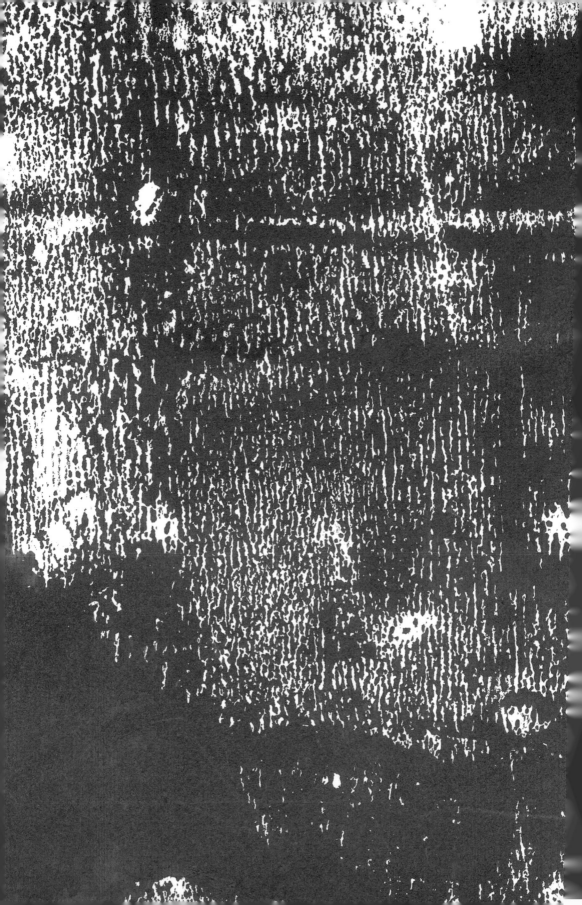

제3의 물결

엄지손가락과 집게손가락을 벌리는 것은 오래 전부터 "여성"을 상징해왔습니다. 그러므로 우리가 엄지손가락과 집게손가락을 열어 맞닿도록 두 손을 모아 만든 페미니즘의 상징은 "여성의 연대"를 뜻합니다.

당신은 리처드가 아주 어렸을 때 떠났잖아요.*

클러리사 본

두 아이를 두고 떠났으니 아이들을 버린 것이겠지요. 엄마가 할 수 있는 최악의 일이에요. 너무나 절망적이어서 차라리 죽는 게 더 나을 것 같다고 생각하는 순간이 있지요. 한 번은 호텔에 간 적이 있어요. 그날 밤 계획을 세웠어요. 둘째가 태어나는 즉시 가족을 떠나기로. 그리고 그렇게 했어요. 어느 날 아침에 일어나 식사를 준비해두고 정류장으로 가서 버스에 올라타버렸지요. 편지 한 장만 남겨둔 채. 그 후에는 캐나다에 있는 한 도서관에서 직장을 얻었어요. 내 행동에 대해 후회한다고 말하면 좀 나을지도 몰라요. 마음이 조금은 더 편해지겠지요. 하지만 그게 다 무슨 소용이겠어요? 별다른 대안이 없는 상황에서, 후회라는 걸 할 수 있을까요? 나는 더 이상 견딜 수가 없었던 거고, 그렇게 된 거예요. 그 누구도 날 용서할 수 없겠지요. 죽음과도 같은 현실이 아닌 삶을 선택한 것뿐인데.*

* 영화 〈디 아워스 *Las Horas*〉(2002)에서 클러리사 본과 로라 브라운의 대화 중 일부입니다. 스티븐 달드리 감독, 니콜 키드먼, 줄리안 무어, 메릴 스트립 주연의 이 영화는 1923년 영국의 버지니아 울프, 1951년 로스앤젤레스의 로라 브라운 그리고 2001년 뉴욕의 클러리사 본이라는 각기 다른 시대와 장소를 살아가는 세 여성의 삶을 그려내고 있습니다.

로라 브라운

이름 붙일 수 없는 문제

클러리사 본과의 짧은 대화를 통해 로라 브라운은 우리에게 1950년대 북미 여성들의 삶을 전해주었습니다. 여성참정권론자들의 위대한 성취에도 불구하고, 파시즘과 제2차 세계대전의 발발로 여성운동에 대한 관심은 극적일 만큼 빠르게 줄어들었습니다. 사실상 여성운동의 역사가 거의 사라져버린 것입니다. 전쟁 기간 중 여성들은 노동 현장에 대규모로 동원되었지만, 전쟁이 끝나자 그들은 맡았던 일들을 전쟁터에서 돌아온 남성들에게 돌려주고 모두 다시 가정으로 돌아가야만 했습니다.

또다시 의무적인 가정생활을 꾸려나갔습니다. 모두들 완벽한 주부가 되었습니다.

거기엔 한 가지 커다란 "이름 붙일 수 없는 문제"가 있었습니다. 베티 프리단은 이를 조사하고 탐구한 끝에 "여성성의 신화"라고 명명했습니다. 페미니즘 제3의 물결은 수천 명의 여성들이 자신과 그들의 삶을 깊은 불만과 고통으로 이끌었던 '이름 없는 문제'에 이름을 붙이면서 시작되었습니다.

베티 프리단Betty Friedan(1921~2006)

베티 프리단은 어렸을 때부터 "다르다"가 무엇을 뜻하는지 정확히 이해했던 총명한 청년이
었습니다. 그는 1921년 미국 피오리아의 한 유태인 가정에서 태어났습니다. 대학교에서 공
부를 시작했을 때 베티는 다음과 같은 글을 썼습니다. "고향에서는 한없이 외로운 존재였던
제가 스미스대학*에서는 우수한 성적으로 수업을 들었습니다. 그뿐 아니라 다른 교육기관에
서는 '여성이라고 하기엔' 너무 영리하다는 이유로 온갖 차별을 받았을지도 모를 수많은 여
성들에게 인정받기까지 했습니다." 이 "남다른" 소녀는 높은 성적을 받은 것은 물론이고 동
기들 사이에서 훌륭한 리더십을 발휘했으며 신문에 기고한 사설로 대학에서 문학상까지 받
으며 심리학과를 졸업했습니다. 그러나 이렇게나 훌륭하게 사회의 문을 열어젖힌 그도 결국
연구를 포기하고 생업에 종사하며 가정을 꾸리는 것을 선택했습니다.

경제적으로 여유 있는 생활은 아니었지만, 그는 그럭저럭 잘 지냈습니다. '그 사건'이 일어나기 전까지는. "노동조합 신문을 만들던 저는 임신 5개월이 되던 때 갑자기 사직을 통보받았습니다. 그들은 나에게 그 어떤 이유도 말해주지 않았습니다. 급기야, 동료 한 명이 나에게 설명해줬습니다. 그들은 내가 첫째를 낳았을 때 받았던 출산휴가를 한 번 더 허가해줄 용의가 없다는 것이었습니다."

"나는 분노를 참을 수가 없었습니다. 부당한 일이었으니까요. 하지만 편집국장은 내게, '그건 두 번이나 임신해버린 당신 잘못이지'라고 말했습니다. 그 당시에는 성적인 이유로 인한 차별을 정의할 만한 표현도, 그것을 고발할 만한 법도 없었습니다."

노동의 세계에서 내쫓긴 베티는 자신의 집에서 프리랜서로 일하기 시작했습니다. "나는 아무에게도 알리지 않고 글쓰는 일을 시작했지만, 프리랜서 작가로 알려지지는 못했습니다." 베티는 저서에 당시의 삶은 그가 꿈꾸던 인생과 많이 닮아 있었다고 언급했었습니다. 하지만 점차 자신이 여성성의 신화에 갇혀 있었고, 이혼하기 전까지 남편으로부터 정신적·신체적 학대를 당했었다는 사실을 알아차렸습니다.

* 스미스Smith대학은 당시 북미에서 가장 영향력 있는 여자 대학이었습니다.

만일 1950년대와 1960년대에 어떤 여성이 자기에게 어떤 문제가 있다고 생각했다면, 그는 자신의 결혼생활이 뭔가 잘못되었거나 스스로에게 문제가 있다고 생각했을 것입니다. 만약 부엌 바닥을 빛이 나도록 닦으면서 이상하게도 행복을 느끼지 못한다면, 그 사람은 어떤 여성인 걸까요? 그 시절에는 아이들이 침대에 오줌을 싼 것도, 남편들이 궤양 진단을 받은 것도, 싱크대가 반짝반짝 빛이 나지 않는 것도, 와이셔츠가 잘 다려지지 않은 것도, 하다못해 여성들이 오르가즘을 느끼지 못한 것까지도…. 이 모든 종류의 "문제들"에 대한 책임을 여성들에게 전가했었습니다.

《여성성의 신화》(1963)

이 책의 내용은 어느 날 아침, 친구들과 커피를 마시던 베티가 자녀 네 명을 키우는 한 어머니의 체념에 가까운 절망적인 목소리를 우연히 들었을 때 구상한 것입니다.

이게 문제야. 나는 짐의 아내이기도 하지만 제이니의 엄마이기도 해. 아이 기저귀도 갈아주고 옷도 입혀줘야 하는데 요리사도 돼야 하고 운전기사 노릇도 해야 해. 그런데 인간으로서의 나는 대체 누구일까? 마치 나만 빼고 온 세상이 앞으로 나아가는 기분이야.

이것이 바로 "이름 붙일 수 없는 문제"라고 프리던이 정의한 것입니

1963년에 출판된《여성성의 신화*La mística de la femimidad*》는 시몬 드 보부아르의 책이 그랬
듯이, 전 세계 수많은 여성들의 삶에 변화를 일으키는 동시에 작가 자신의 삶도 바꾸어놓았
습니다. 베티는 "자기 스스로 '가정용 가전제품'이나 '얼빠진 사람'이라고 느끼거나 '견디기 어
려운 우울'을 느끼는 데 싫증이 난 여성들로부터 물밀듯 편지를 받았는데 나중에는 말 그대
로 홍수를 이뤘습니다. … 책의 초판본을 받았을 때 별안간 내게 들었던 유일한 생각은 날아
갈 것 같은 기분이었다는 것"이라고 밝혔습니다.

베스트셀러가 된 이 책에서 프리단은 다음과 같은 말로 정곡을 찔렀습니다.

"《여성성의 신화》는 여성들에게 부여된 최고의 가치이자 유일한 임무는 바로 자신만의 여성성을 실현하는 것이라고 주장하는 바이다. 또한 이 책은 여성성이라는 것이 사실은 너무나 애매모호하고 직관적이며, 생명의 창조와 원천에 아주 가까운 것이라 남성들이 만들어낸 학문으로는 결코 이해할 수 없을지도 모른다고 단언한다. 그렇지만 아무리 특별하고 다르다고 해도 남성의 본성과 비교했을 때 여성성은 절대 열등한 것이 아니며, 심지어 어떤 면에서는 더 우월하다고도 볼 수 있다. 과거에 여성들이 갇혔던 이름 붙일 수 없는 문제들의 근원은 여성들이 남성들을 부러워하고, 그들과 동등해지기 위해 노력했으며, 이를 위해 자신의 본성을 그대로 받아들이는 대신 수동적인 성 역할 또는 남성에게 복종하고 자애롭게 자녀의 양육에 몰두하는 것만이 완전한 자아실현을 위한 길이라는 잘못된 판단에서 기인한다. 가부장제가 만들어낸 여성성의 신화는 이를 긍정해왔다."

사실 이 책은 미국 중산층 이상 특권층 여성들을 중심으로 내용을 전개하기 때문에 가부장제와 남성의 특권에 관한 그 어떤 이론적 반박도 제시하지 않으며 인생의 전략이나 대안을 마련해주지도 않습니다. 그러나 전 세계의 수많은 언어로 번역되면서 페미니즘의 고전으로 자리 잡게 됩니다.

이 책은 전 세계 인구의 반을 차지하는 여성에게만 부과된 억압적이고 답답한 역할을 냉철하게 간파하고, 여성들의 불편과 불만을 조명했다는 점에서 의미 있는 작업이라고 말할 수 있습니다.

행동하라, 불평하지 말고

베티가 말했듯 여성들의 움직임은 1966년 6월 29일에 있었던 한 점심 식사 자리에서 비롯되었습니다. 바로 그날, 인접한 두 테이블에서 15명의 여성들은 낮은 목소리로, 그렇지만 활기차게 웅성거리며 냅킨 위에 글씨를 적었습니다. 여성들의 움직임은 워싱턴에서 열린 제3차 연례회의에서 더욱 조직적으로 성장했습니다. 이 회의에는 여성의 지위 향상에 관심 있는 여러 단체들이 참가했습니다.

저의 진정한 "두 번째 책"은 새로운 모델의 출현을 가능하게 한 여성들의 운동이었습니다.

우리는 20세기 역사에서 가장 깊이 있는 사회혁명 중 하나를 준비하던 것이었습니다. 우리는 서둘러야만 했어요. 왜냐하면 우리 중 대부분은 그날 오후 비행기를 예약해두었기 때문입니다. 저녁 식사 준비를 해야 했고 월요일에 아이들을 학교에 등교시킬 준비를 해야 했지요. 우리는 현대적인 여성운동을 꾸려나갈 단체의 이름을 전미여성기구 (NOW: National Organization for Women)로 결정했습니다. 이 단체는 여성이 남성에 대항하도록 장려하는 곳이 아닙니다. 노래하는 목소리는 여성들의 것이지만, 남성들 역시 우리 단체의 일원이 될 것입니다.

초대 회장을 맡게 될 베티가 설립문의 문구를 냅킨에 적었습니다.

"이제 여성들도 미국 사회에 소속되길 원한다면, 행동하라.
남성들과 동등하게 협회를 만들어 시민으로서의 모든 권한
과 책임을 수행하면서."
행동하라, 불평하지 말고!

자유주의 페미니즘

1966년 10월 29일에 약 300명의 회원들과 함께 공식적인 활동을 시작한 전미여성기구는 2003년 무렵에는 회원 수 50만 명을 넘기며 미국에서 가장 영향력 있는 페미니스트 단체 중 하나가 되었습니다. 이 단체의 회원 명단에는 여성 노동조합원, 사업가, 성직자 그리고 몇몇 남성들의 이름이 있었습니다.

행진이 시작되자 우리는 모두 역사를 만들어가고 있다는 느낌을 받았습니다. 그동안 우리 여성들은 자원봉사를 하면서 조직에 협조하고 파시즘에 반대하는 일에 지원을 아끼지 않았습니다. 빈곤 퇴치에 앞장서고 우리 자신을 제외한 전 세계를 위한 모든 일에 참여하면서 오랜 기간을 보내왔습니다. 하늘에 뜬 "해방"이라는 단어를 우리 여성들이 붙잡으려 하지 않는다면, 그게 오히려 놀라운 사건일 것입니다.

베티 프리단과 전미여성기구는 자유주의 페미니즘을 대표합니다. 자유주의 페미니즘의 특징은 여성들의 상황을 억압이나 착취가 아니라 불평등으로 규정짓는다는 데에 있습니다. 그렇기 때문에 그들은 양성평등이 이루어질 때까지 시스템을 개혁해야 한다고 주장합니다. 여성이 공공 영역에서 배제된 것이 가장 중요한 문제라고 본 자유주의자들은 노동시장을 개혁하는 작업에 자신들을 포함할 것을 강력하게 주장했습니다. 또한 여성들이 정치적인 직무를 맡을 수 있도록 장려하면서 해당 인재를 양성하기 위한 부서를 창립 당시 설치하였습니다.

1960년대의 신좌익

집에서 일하던 주부들이 던진 질문은 새로운 사회운동가들의 관심과 일맥상통하였습니다. "이게 최선이었을까?" 1960년대는 정치적으로 격렬하게 혼란스러웠습니다. "아메리칸 드림" 은 케네디 대통령 암살 이후 악몽으로 변했고, 베트남전쟁의 여파로 청년들의 시위와 투쟁 이 널리 퍼져나갔습니다. 당시에는 최선이라 여겨졌던 사회 시스템은, 성차별적이고 인종차 별적이며 계급 차별적이고 제국주의적이라는 뿌리 깊은 문제들을 가지고 있었음이 드러났 습니다.

이 모든 것이 신좌익을 형성시켰습니다. 당시의 시대적 배경은 인종차별 반대 운동, 학생 운동, 평화 운동 그리고 당연하게도 페미니즘 운동 같은 다양한 급진적인 사회운동이 부활 하도록 동기를 부여하였습니다. 이 모든 사회운동에는 반체제 문화라는 공통점이 있었습니 다. 개혁주의자가 아니었고 정당정치에도 관심이 없었던 그들이 원한 것은 새로운 생활양식 이었습니다. 수많은 여성들이 해방운동에 적극 동참했습니다. 하지만 신좌익에서도 이내 모 순이 드러났습니다.

144

우리는 새로운 사회를 구축하는 투쟁에 우리 여성들도 참여하고 있다고 믿었습니다. 그렇기 때문에 운동세력 내부에서도 바깥에서와 다르지 않게, 우리가 하는 일이 남성들이 준비한 연설문을 타이핑하고 커피를 타면서 구질서를 대체할 정치를 하겠다는 남성들의 보조원 노릇이었다는 사실이 밝혀졌을 때 각성했고 실망감을 감출 수 없었습니다.

사무실을 청소하고 정리해놓은 다음 동료들이 먹을 저녁을 준비하고 전단지를 인쇄하고 전화를 받고 …. 우리는 질문을 멈출 수 없었습니다. "이게 최선이었을까?"

우리는 보이지 않는 존재였습니다. 결코 지도자가 될 수 없었습니다. 모든 논쟁을 남성들이 주도했고 우리의 목소리는 들리지도 않았습니다. 사회적 계급에 의한 억압만 분석되었습니다. 성차별에 대한 이야기는 오로지 농담거리였을 뿐 이론적인 논쟁의 영역에는 들어가지도 못했습니다. 그래서 우리는 근본적인 문제를 정치적 의제로 제기할 수 없었습니다. 섹슈얼리티, 집안일 분배 같은 일들도 우리에게는 중요한데….

아나 데 미겔의 말에 따르면, 새로운 남성이 나타나려면 오랜 기간을 기다려야 했기 때문에 새로운 여성은—콜론타이가 20세기 초에 그토록 말하던—스스로 권력을 잡기로 결정했습니다. 이를 위해 페미니즘이 선택한 첫 번째 정치적 결정은 남성과 함께 구성했던 조직을 분리해 자율적인 방식으로 재조직하는 것이었습니다. 그렇게 여성해방운동이 시작되었습니다.

리디아 사전트

여성해방운동

성 해방이 논쟁의 중심에 있었습니다. 성적 관행으로부터 모성과 출산을 분리시키자 바로 거기에서 여성을 위한 길이 확실하게 열렸습니다. 혼인이 다시 억압의 근원과 동일시되었지만, 이번에는 메리 울스턴크래프트부터 여성 참정권론자들, 해리엇 테일러까지 이전 페미니스트들이 그랬듯이 현행법에 의문을 제기하는 것이 아니라 남편과 부인 사이에서 일상적으로 일어나는 억압을 하나씩 밝혀나갔습니다.

　여성해방운동은 여성의 섹슈얼리티에 대한 금기를 깨뜨리고 그 당시까지만 해도 부정당했던 여성의 성적 쾌락을 '절대 권리'로 바꿔 적었습니다.

래디컬 페미니즘(1967~1975)

여성들은 높은 지적 역량과 새로운 정치 방식 역량을 발휘하는 것뿐만 아니라, 그들의 항의를 공개적인 행동으로 옮기는 데 있어서도 매우 훌륭했습니다. 래디컬 페미니즘은 1967년에 시작되어 1975년까지 전개되는데, 페미니즘의 판도를 실천적인 측면뿐만 아니라 이론적인 측면에서도 완전히 '뒤집어엎었습니다'. 그리고 곧바로 그들이 바라던 대로 사회를 전복시켰습니다. 급진주의자들은 거리는 물론 집집마다의 일상에 변화를 가져다주며 20세기에 놀라운 여성 혁명을 이뤄냈습니다.

래디컬 페미니즘에는 두 권의 중요한 작품이 있습니다. 1969년에 출판된 케이트 밀릿Kate Millett의 《성의 정치학Política sexual》과 그 다음 해에 나온 슐라미스 파이어스톤Shulamith Firestone의 《성의 변증법La dialéctica del sexo》. 특히 슐라미스 파이어스톤은 페미니즘을 급진적인 프로젝트라고 표현했습니다.

급진적이라는 말의 뜻은 '뿌리를 내린다'는 것입니다. 그러므로 우리는 종속의 뿌리, 그 속으로 파고들어갈 것입니다.

슐라미스 파이어스톤

가부장제

앞에서 언급한 작품들에는 가부장제, 젠더, 성적 계급과 같이 페미니즘 분석을 위해서는 필수적인 용어들이 정의되어 있습니다.

> 가부장제PATRIARCADO: (계급이나 인종처럼) 성적으로 지배적인 측이 우위를 차지하는 시스템.

"가부장제는 남성의 권력과 지배라는 개념을 기반으로 한 정치적·경제적·종교적·사회적 체제의 한 형태입니다. 여성보다 남성이, 어머니와 아들과 딸보다 아버지가, 청년보다 노인이, 어머니의 직계가족보다는 아버지의 직계가족이 우월하다는 논리에 힘을 실어줍니다. 가부장제는 남성들이 신화와 종교를 이용하여 마치 그것만이 유일하게 가능한 사회구조인 것처럼 상징적인 질서를 만들어내면서, 여성의 섹슈얼리티와 출산과 (그리고 그 결과인) 아이를 소유함으로써 역사 속에서 권력을 잡은 것에서 비롯되었습니다."

돌로르스 라구안

젠더

한마디로 여성성의 사회적 구조입니다. 젠더는 페미니즘 이론에서 가장 핵심적인 개념입니다. 젠더라는 개념은 "여성적"인 것과 "남성적"인 것이 자연적이거나 생물학적인 사실이 아니라 문화적으로 형성된 구조라는 생각에서 생겨났습니다.

시몬 드 보부아르가 말했듯이, 젠더는 "인류가 여성인 인간을 길들인 것"으로 이해할 수 있습니다. 다시 말하자면, 생물학적 여성이라는 이유로, 여성들이 갖추도록 요구되는 모든 종류의 규범, 의무, 행동, 생각, 자격, 성격을 포함하는 것입니다.

젠더는 성sex과 동의어가 아닙니다. '성'은 여성과 남성의 신체적 차이를 뜻하는 것으로 생물학적 사실이지만, 젠더gender는 성 역할에 따라 달라지는 규범과 행동을 의미하기 때문입니다.

성적 계급CASTA SEXUAL: 모든 여성이 겪는 일반적인 차별 경험

연약함 온화함 수동성
소심함 희생 복종
순종   인내

149

성/젠더 시스템

평등한 체제에서는 성별에 따른 특징을 '구별'짓지 않을 것입니다. 그렇기 때문에 셀리아 아모로스는 가부장제와 성/젠더 시스템을 동의어로 봅니다. 모든 가부장적 체제는 폭력과 교육이라는 강압적인 동의에 기반을 둡니다.

페미니즘의 대부분은 가부장제 내에서는 '동의'를 말할 수 없다고 봅니다. 왜냐하면 남성들끼리 규칙을 정하기 때문입니다. 여기에 포함되지 못하는 여성들은 애초부터 배제되는 것입니다. 그렇기 때문에 여성들은 불평등한 관계 내에서는 '동의'를 행할 수 없다고 주장합니다.

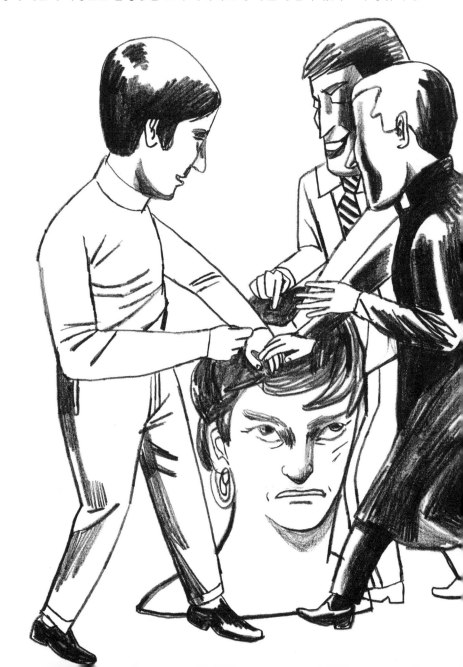

래디컬 페미니즘의 섹슈얼리티에 대한 관심은 이전의 전미여성기구 자유주의 페미니스트들, 페미니즘의 첫 번째 물결 그리고 두 번째 물결과는 차별화된 것이었습니다. 급진주의자들은 단순히 공적인 영역에서의 성과(노동, 교육 또는 시민권과 정치적 권리에 대한 평등)를 얻어내는 것에 그치지 않고 사적 영역을 변화시키는 것 또한 필요하다고 주장했습니다.

"개인적인 것은 정치적인 것이다"라는 슬로건과 함께 급진주의자들은 성적 지배의 주제를 그때까지만 해도 "개인적"이라고 여겨졌던 생활 영역으로 확장하고 가정과 섹슈얼리티가 만들어낸 권력 관계를 분석하는 정치이론에 큰 변화를 가져왔습니다. 그들은 소수가 아닌 모든 남성이 가부장제로부터 경제적·성적·심리적 이익을 취한다고 생각했습니다. 사회에 뿌리 깊게 박혀 침묵하던 젠더 폭력 등의 문제들이 급진주의자들로 인해 수면 위로 올라오게 되었습니다. 개인적인 것이 정치적인 것이라면, 법은 더 이상 문 밖에서 머무를 수 없습니다.

자매애는 강하다

래디컬 페미니즘의 또 다른 구호로 "여성들의 자매애sororidad[12]는 강하다"가 있습니다. 여성들의 정치적 연대는 언제나 성차별을 저지하고 가부장제의 해체를 도모하는 것이었습니다.*

급진주의자들은 모든 것들을 동시에 진행했습니다: 남성과 여성 간의 권력 관계를 명백히 드러내는 이론을 전개시키고, 불평등의 기원에 이름을 붙이고, 기존의 질서를 공론화한 후, 체제에 대항하는 입장을 밝히기. 여성 한 명 한 명이 개인적으로 해방의 과정을 수행할 수 있는 방법 강구하기. 그러한 과정에 있는 여성들을 지원하기. 더 나아가 처음으로 자유를 얻은 여성이 필요로 할 보육원이나 보호소와 같은 물적 자원을 갖추는 것까지도.

정치와 페미니즘 이론을 개혁하는 것 외에도 급진주의자들은 크게 세 가지 측면에 더 기여했다고 말할 수 있습니다. 대규모의 대중 시위 집행, 자의식을 가진 집단의 육성, 그리고 (주목을 많이 끌지는 못했지만, 여성들에게는 커다란 도움이 된) 원조 및 자기 계발 대안 센터의 설립. 페미니스트들은 연구하고 조직화하기 위해 독자적인 공간을 만들어냈을 뿐만 아니라 여성들이 자신의 몸에 대해 알아갈 것을 격려하는 동시에 가부장제의 규범이 닿지 않는 여성 건강과 부인 의학을 발전시키기도 했습니다.

* 이는 필명 벨 훅스bell hooks로 알려진 글로리아 진 왓킨스(미국, 1952)가 이야기한 것입니다. 다작 작가이자 흑인 페미니스트 활동가인 그의 유명한 저서로 《모두를 위한 페미니즘*El feminismo es para todo el mundo*》이 있습니다. 그의 작품은 항상 젠더, 인종, 계급의 상호교차성에 대한 연구와 비판을 다룹니다.

케이트 밀릿Kate Millett(1934~2017)

> 여성에게 사랑이란 마약과도 같은 것이었습니다. 마치 대중에게 마약과도 같은 종교처럼 말이지요. 사랑에 빠져 있는 동안 남성들은 우리를 조종하고 있었어요. 어쩌면 사랑 자체가 나쁜 것이 아니라 여성에게 달콤한 말을 속삭여 모든 면에서 남성에게 의존하도록 만들기 위해 이용되는 사랑의 방식이 나쁜 것일지도 모르겠어요. 각자가 자유로운 입장이라면 사랑도 의존적이지 않은 방식으로 이야기할 수 있지요.

그는 1934년에 미네소타의 아일랜드 출신 가톨릭 가정에서 태어났습니다. 옥스퍼드 대학을 졸업하고 이듬해 1959년에 조각가·화가·사진가 활동을 시작한 그는 이후 도쿄로 건너가 조각을 공부하면서 영어 교사로 일했습니다.

1963년에 미국으로 돌아온 케이트는 여성해방 운동에 초기부터 참여했고, 강의를 하면서 박사 과정을 밟았습니다.

《성의 정치학*POLÍTICA SEXUAL*》(1970)

이 책은 케이트 밀럿이 1969년에 옥스퍼드 대학교에서 박사 학위를 받은
논문을 출판한 것입니다. 이 논문은 전 세계 최초로 젠더에 관해 연구
한 박사 논문으로, 1970년에 책으로 출판되자마자 베스트셀러가
되었습니다. 케이트 밀럿의 《성의 정치학》은 지적인 측면에
서 여성의 삶이 실제로 변화하는 데에 많은 기여를 한 책입니
다. 1970년에 이 책이 출판되었을 때 《뉴욕타임스》는 다음과
같이 논평했습니다. "더할 나위 없이 즐거운 독서, 찬란하게
빛나는 발상, 반론의 여지없이 설득력 있는 이 책은 역사와 문학
의 은밀한 음모를 폭로한다."

케이트가 《성의 정치학》을 집필한 목적은 뿌리 깊은 가부
장적인 편견(진보 진영을 포함하여)을 타파하고 더욱 급진적이
고 개혁적인 행동을 추진하는 것이었습니다. 밀럿 스스로
는 자신의 글에서 가장 중요한 부분이 〈성 정치 이론〉이라
고 제목 붙인 제2장이라고 생각했습니다. 이 장에서 그는 "성
은 정치가 깊이 스며든 사회적 범주"라고 단언했습니다.

밀럿은 상대가 누구든 간에 비판을 해야 할 때에는 서슴지 않았
습니다. 그는 여성의 경제적 상황을 설명한 데에 이어 노동조합에 대
해 다음과 같이 말했습니다.

"개혁으로 남성과 여성 그리고 아이들이 동등하게 혜택을 받았다고
들 하지만, 노동조합 운동이 선호하는 이들은 남성뿐이다. 월급을 받는
여성들 입장에서 노조는 투표보다 훨씬 더 절박하게 필요하다.

그렇지만 노동조합 운동은 그런 사실에는 별로 관심이 없다는 점을 보여
줬다(그리고 지금도 계속해서 보여주고 있다). 그러한 이유로 여성들은 놀라울 정
도로 값싸고 무질서한 노동력을 대표하고 있다. 그들은 남성들보다 더욱 손쉽게
착취당하거나 내쫓길 수 있고, 더 쉽게 실직을 당하고 잘 해낼 수 있는 일에서도 거
부당하기 일쑤였다. 노동 개혁 이후로 상황은 크게 나아지지 않았다."

케이트는 또한 단계적으로 프로이트의 이론들에 문제를 제기하고 지식의 "신들"[13]에게 체계적인 모독을 감행했습니다. 이전에 메리 울스턴크래프트가 루소에게 그랬듯이 다른 페미니스트들도 남성 지식인들이 만들어낸 이론에 반기를 들었지만, 그는 더욱 전면적으로 그들을 비판했습니다. 남성과 여성 사이의 권력관계를 박사 논문 주제로 다룬 첫 번째 인물임과 동시에 매우 대담한 사람이었던 그는 오늘날에도 여전히 아이들이 학교에서 배우는 커다란 거짓말 또는 철저한 배제에 대해 "남성의 오류las falacias viriles"라는 이름을 붙였습니다. 암파로 모레노*는 《성의 정치학》 스페인어판에 쓴 책 소개에서 개인적인 경험을 예로 들며 다음과 같이 설명했습니다.

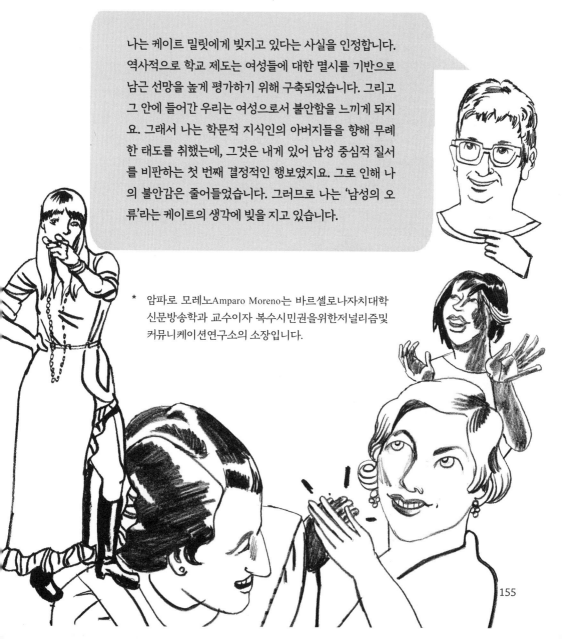

나는 케이트 밀릿에게 빚지고 있다는 사실을 인정합니다. 역사적으로 학교 제도는 여성들에 대한 멸시를 기반으로 남근 선망을 높게 평가하기 위해 구축되었습니다. 그리고 그 안에 들어간 우리는 여성으로서 불안함을 느끼게 되지요. 그래서 나는 학문적 지식인의 아버지들을 향해 무례한 태도를 취했는데, 그것은 내게 있어 남성 중심적 질서를 비판하는 첫 번째 결정적인 행보였지요. 그로 인해 나의 불안감은 줄어들었습니다. 그러므로 나는 '남성의 오류'라는 케이트의 생각에 빚을 지고 있습니다.

* 암파로 모레노Amparo Moreno는 바르셀로나자치대학 신문방송학과 교수이자 복수시민권을위한저널리즘및 커뮤니케이션연구소의 소장입니다.

반발

여성들이 세력을 확장하는 성공의 시대가 오면, 으레 그랬듯이, 가부장제의 신랄한 반발이 뒤따릅니다.

프랑스혁명 시기에는 페미니즘의 출현에 대항하는 단두대와 나폴레옹 법전이 나왔습니다.

여성참정권론자들의 승리를 무력화하기 위해 온갖 수단을 모두 동원한 여성성의 신화가 나타났습니다.

래디컬 페미니즘의 거센 바람 이후, 미국의 로널드 레이건과 영국의 마거릿 대처를 위시한 1980년대의 보수적인 반발이 나타났습니다. '슈퍼 우먼'이 유행하던 시기였습니다. 이 과장스러운 이름 뒤에는 가정의 안과 밖에서의 '이중 노동' 착취, 완벽한 어머니가 되어야 할 뿐더러 (너무나 당연하게도) 항상 예쁘고 날씬한 상태를 유지하는 훌륭한 연인이 되어야 한다는 억압이 숨어 있었습니다. 여성은 일과 업무에는 너무 큰 노력을 기울일 필요가 없으며, 가정으로 돌아가는 것이 낫다는 사회 풍조가 가득했습니다.

수전 팔루디*는 그의 책《반발: 현대 여성에게 선언되지 않은 전쟁*Reacción. La guerra no declarada contra la mujer moderna*》[14]에서 다음과 같이 말했습니다. "가장 최근에 발생했던 안티 페미니즘은 여성들이 남성들과 완전한 평등을 이루었기 때문이 아니라, 그럴 수 있을 것처럼 보였기 때문에 거세게 일어났다."

* 수전 팔루디Susan Faludi는 1991년에 퓰리처상을 수상한 미국의 언론인이자 작가입니다.

그리고 물이 넘쳐흘렀습니다

1975년 이후 래디컬 페미니즘은 수문을 열어젖히기 시작했습니다. "개인적인 것은 정치적인 것이다"라는 슬로건과 의식 있는 단체들을 통해, 래디컬 페미니즘의 이론과 행동은 가득 찬 물을 넘치게 했습니다. 그전까지만 해도 페미니즘은 물방울이 점점 모여 넘실대는 큰 강과 같았습니다. 1970년대 중반부터 페미니스트들은 각자의 현실을 살아가며 페미니즘을 실천하기 시작했습니다. 그렇게 심은 작은 씨앗들이 뿌리내리기 시작했고, 페미니즘은 그에 걸맞은 성격, 속도, 필요와 함께 전 세계 곳곳에서 피어났습니다. 페미니즘은 실로 전 세계적인 현상이 되었습니다.

또한 여성들이 대학에 진출하면서 젠더 연구가 나타나기 시작했습니다. 이는 페미니즘이 모든 학문 분야의 줄기와 체계에 의문을 제시하고, "여성들은 어디에 있는가?"라고 자문하면서 남성중심주의가 세운 '반은 진실이고 반은 거짓'인 사실들을 낱낱이 해체하기 시작한 것에서 출발하였습니다.

남성중심주의

남성중심주의는 간단하게 정의할 수 있습니다. 바로 만물의 기준이 남성이라는 겁니다.

　남성중심주의는 평등한 사회로의 발전을 치명적으로 방해했습니다. 남성중심주의는 현실을 왜곡했고, 학문을 비틀어 일상생활에 심각하고 나쁜 결과를 초래했습니다. 사람들은 "인류의 역사"를 공부하지만, 우리가 실제로 공부하는 것은 남성의 역사입니다. 통상적으로 모든 사람들이 심근경색이 가슴에 통증과 압박을 느끼고 왼쪽 팔에 극심한 통증을 수반하는 것이라고 알고 있지만, 그것은 남성에게만 해당하는 증상이라는 사실은 아직도 그다지 알려지지 않았습니다. 여성에게 심근경색은 복부 통증과 배탈, 목이 뻐근해지는 증상으로 나타납니다.

성차별적 언어 역시 남성중심주의에 의한 것입니다. 사전은 기본적인 법칙조차 무시합니다. 물론 사전은 알파벳 순서로 구성됩니다. 하지만, 각각의 단어는 남성형을 먼저 표기하고 그 다음에 여성형이 나옵니다. 알파벳의 가장 첫 번째 문자인 "a"가 단어의 끝에 붙어 여성형으로 쓰이지 않았다면, 매우 명예로운 글자가 되었을 것입니다. 바꿔 말하면, 알파벳 "o"는 단어의 끝에 붙어 남성형을 뜻하기 때문에 자연스럽게 가장 높은 자리로 올라간 것입니다.[15]

어떤 식으로 정의를 내리거나 분류하거나 명명하거나 간에 명백히 부당한 일임에도 불구하고, 여기에는 현실을 설명할 구체적인 방법을 결정하는 이데올로기적인 기능이 숨겨져 있습니다. 현실에 대한 묘사는 권력관계 아래에서 이루어집니다. 여성들은 묘사의 대상이 되기 때문에, 여성들에게 이 문제는 더욱 중요할 수밖에 없습니다.

즉, 여성을 문화 그리고 문화를 생산하는 활동에 온전히 도달할 수 없도록 접근 금지시키는 것은 여성들로 하여금 그들의 삶과 그 자신의 존재에 대해 설명할 수 없도록 금지시키는 것과 마찬가지입니다. 그 결과, 여성의 존재와 삶을 모두 남성들이 규정하게 되었습니다. 이는 당연하게도 남성들의 가치와 시선을 기준으로 이루어졌습니다. 남성형을 조작된 중성으로 바꾸는 것은 이를 문법적으로 규격화시켜 남성형을 "일반적인 것"으로 변모시키고 이로 인해 그들이 얻는 이익을 숨기는 것입니다.

"언어는 그 자체로 성차별적인 것이 아니지만, 그것을 어떻게 사용하느냐에 따라 다른 문제가 됩니다. 만약 언어가 정확히 사용되기만 한다면, 오히려 여성의 평등을 가시화하는 데 기여할 수도 있습니다."

에울랄리아 예도

당신이 철학과 출신이라고요? 당신과 같은 연령대의 여성에겐 평범하지 않은 일인데요.

지극히 평범한 일입니다. 평범하지 않은 일이 너무 흔하게 일어나는 것이지요.

마리아 몰리네르

아멜리아 발카르셀은 지식에 접근하는 데에 있어서 하나의 공식과도 같은 '의심의 학파'[16]라고 불리는 이들의 철학과 페미니즘 사상이 일맥상통한다고 주장합니다. 페미니즘과 '의심의 학파'의 철학은 모두 진리의 핵심을 차지하는 권력의 구성 요소를 알아내어 의심해봐야 한다는 것에서 시작하기 때문입니다. 비록 그것이 겉으로는 올바르게 정립되어 보인다고 하더라도 말입니다.

차이의 페미니즘

가부장적 문화에 대한 북미 급진주의자들의 비판은 남성들이 구축한 문화와는 차별되는 독자적인 여성들의 문화를 더욱 발전시켰습니다. 이로부터 '문화적 페미니즘'이 등장하는데, 이는 후에 유럽으로 건너가 번역되고 동화되면서 '차이의 페미니즘Feminismo de la Diferencia'이라는 이름을 얻습니다.

빅토리아 센돈 데 레온

우리는 해방된 여성이 되고 싶지 않았습니다. 우리는 그저 자유로운 여성이고 싶었습니다. 왜냐하면 우리는 원래 그런 존재니까요. 우리는 상사, 남자친구, 남편 또는 우리와 세상 사이에 끼어든 중재자들 없이 여성들끼리 우정과 동질감을 느낀다는 것을 발견했습니다.

그들이 개진한 의견 중에서 "사물을 정의하는 것은 사물 그 자체가 아니라 그것이 의미하는 것이다"를 눈여겨볼 필요가 있습니다. 이는 상징이 얼마나 중요한지 강조한 말입니다. 또한 그들은 남성들이 하는 일과 동일하건 그렇지 않건 간에 여성들이 하는 일 역시 의미 있고 귀중한 일이라고 주장합니다. 또 다른 "상징적 질서"를 만들어내는 방법들 중에서 예술은 매우 중요한 위치를 담당합니다. 영화, 문학, 음악 그리고 다양한 조형 예술은 문제의 핵심을 파고드는 '상징'을 이용합니다.

차이의 페미니즘의 선구자는 뤼스 이리가라이Luce Irigaray입니다. 그는 벨기에의 철학자이자 정신분석학자로, 파리에 정착하여 프로이트학교L'École Freudienne의 회원이 되었습니다. 1969년에 뱅센대학 정신분석학과에서 강의했지만, 그의 저작《검경Speculum》이 출간된 뒤에 뱅센대학과 프로이트학교에서 모두 퇴출당했습니다.

뤼스 이리가라이와 함께 애니 르클레어Annie Leclerc와 엘렌 식수Hélène Cixous는 프랑스에서 발전한 차이의 페미니즘을 대표하는 가장 눈에 띄는 인물들입니다. 이들은 모두 '정신분석학과 정치 Psychanalyse et Politique'에 소속되어 있었는데, 1970년대에 등장한 이 단체 역시 차이의 페미니즘의 역사에서 빼놓을 수 없습니다. 뤼스 이리가라이와 엘렌은 남성 중심적 언어의 전복과 여성적 글쓰기의 회복 그리고 여성적 지식의 구축을 주장함으로써 페미니즘 이론을 발전시켰습니다.

이탈리아에서는 카를라 론지Carla Lonzi가 저서 《우리는 헤겔에게 침을 뱉는다Escupamos sobre Hegel》를 발표합니다. 이 작품은 가부장적인 문화에 작별을 고하며 "식민화된 모종의 페미니즘으로부터 평등주의에 대한 열망으로 나아가는" 길에 놓인 비평서입니다. 왜냐하면 차이는 실존적인 현실을 의미하지만, 평등은 법률상의 원칙이기 때문입니다.

여러 문화적 활동을 통해서 다양한 계획이 등장했는데, 그중에는 여성들이 서로의 생각을 교환할 목적으로 만든 여성 전용 공간인 〈밀란여성서점〉과 〈파르마여성서점〉에 관한 것들도 있었습니다. 그들은 남성이 만든 법은 결코 중립적이지 않기 때문에 헌법과 전반적인 개혁을 통해 여성 문제를 해결한다는 생각은 터무니없는 계획이라는 입장을 견지했습니다.

이탈리아에 기반을 둔 차이의 페미니즘에서 가장 특성적인 점은 "의탁affidamento"이라는 단어를 들 수 있습니다. 이는 "신뢰하는 것 또는 다른 이의 손에 문제를 맡기는 것"이라고 할 수 있습니다. 의탁을 통해 서로 신뢰와 권위를 부여함으로써 여성들 사이에 끈끈한 유대감이 생깁니다. 이를 통해 가부장제에서는 존재하지 않았던 여성의 권위를 재구축할 수 있었습니다. 그들은 어머니의 권위를 손상시켜서 부여받은 아버지의 권위에 기반을 두는 것이 곧 가부장제라고 설명합니다. 그렇기 때문에, 여성들 간의 의탁은 어머니를 실재적인 역할로 회복시켜 줄 사회적 실천입니다. 어머니의 잃어버린 지위와 가치를 되찾아줌으로써 동시에 여성의 사회적 권위를 구축할 수 있는 것입니다.

제도적 페미니즘

제도적 페미니즘은 국가마다 그 발달 양상이 각기 다릅니다. 사회 각계각층 간의 여성에 대한 협약을 강조하면서 국가적 책임을 내세우는 북유럽식, 로비나 압력 단체를 통해 정치권에 영향력을 행사하는 미국식, 그리고 스페인과 대부분의 라틴아메리카 국가에서 일반적으로 진행되는 방식으로 여성 문제를 담당할 정부 부서나 기관을 창설하는 방식 등이 있습니다.

각 국가에서 성취한 바를 세세히 따져 보기에 앞서 제도적 페미니즘을 이전의 모든 페미니즘과 비교해보면, 급진적인 변화라고 말할 수 있는 공통점이 있습니다. 그것은 바로 기존의 제도 안에 스스로를 배치시키는 도박을 감행했다는 점입니다. 이는 아주 작은 변화도 받아들이지 않는 이전의 태도에서 발견되는 '극단적 보수주의'에 진보를 가져온 것으로 볼 수도 있습니다. 하지만 또 다른 한편에서는 제도 친화적인 성격의 페미니즘은 존재할 수 없다고 생각하는 이들이 분명 있었습니다.

분명한 점은 제도적 페미니즘의 전개는 모든 페미니즘적 시도 중에서 가장 느리고 힘든 차원의 변화였다는 것입니다. 왜냐하면, 급진적인 사명과는 별개로, 마치 정치 이론처럼―'정치적으로 올바른 것'처럼 페미니즘과 이질적인 것은 세상에 없습니다―항상 권력으로부터 멀리 떨어진 곳에서 페미니즘은 전개되어 왔기 때문입니다.

165

여성들이 인간으로서의 권리를 인정받기 위해 펼친 기나긴 제도적 차원의 투쟁

1946년 유엔 여성지위위원회CSW 설치. (약 30년 동안 특별한 활동은 없었음.)

1948년 세계인권선언 채택.

1954년 유엔 총회에서 (세계인권선언과는 명백하게 모순되게도) 여성이 법률적·전통적·관행적으로 차별을 받아왔음을 인정했다.

1966년 문화적·사회적·경제적 권리에 대한 국제협약 체결. 1976년 1월 3일 발효.
        정치적·시민적 권리에 대한 국제협약 체결. 1976년 3월 23일 발효.

1967년 유엔 총회에서 여성 차별 철폐를 선언.

1975년 국제 여성의 해.
        멕시코시티에서 제1회 유엔 세계여성대회 개최.
        다음과 같은 세 가지 주요 목표가 상정되었다.

        1. 완전한 성 평등을 실현하고 젠더에 따른 차별을 철폐한다. 특히 교육의 장에서는 이를 더욱 엄격하게 지킨다.
        2. 여성도 경제 활동에 진출하여 완전히 참여할 것.
        3. 세계 평화의 강화에 더욱 기여할 필요가 있다.

1976년 유엔여성개발기금UNIFEM 창설. 이 조직은 1975년 멕시코시티에서 열린 제1회 유엔 세계여성대회에서 여성 기구 설립을 건의한 데 대한 유엔 총회의 조치로 1976년에 창설되었다. 유엔여성개발기금은 유엔개발계획UNDP과 긴밀한 관계를 갖는 자율적인 조직이다.

1979년　유엔 여성차별철폐협약CEDAW 제정.

1980년　코펜하겐에서 제2회 유엔 세계여성대회 개최. 145개국의 대표단이 참석하였다. 여성의 고용, 보건, 교육에 각별한 주의를 기울이며 평등, 발전, 평화라는 목표를 재확인했다. 이 대회에서는 구체적인 대책을 채택하기 위해 세 가지 필수 영역(교육의 기회, 고용의 기회, 적절한 의료 서비스)을 설정하여 이에 대한 동등한 기회를 가져야 한다고 결정했다.

1981년　9월 3일에 유엔 여성차별철폐협약 발효.

유엔 여성차별철폐협약은 여성이 모든 영역에서 동등한 권리를 누리고 '차별 금지'에 대한 인식을 심화시켜 나가기 위해 보편적으로 받아들여질 원칙과 함께 각 국가와 개인이 취해야 할 조치를 발표했다. 이는 법적 구속력이 인정된다. 이는 여성의 인권과 관련된 가장 포괄적인 조약이자 전 세계 여성의 지위 향상을 지향하는 조약이며, 본질적으로 여성 인권에 대한 국제법령이다. 본 협약은 각 국가가 모든 시민적·정치적·경제적·문화적 권리의 측면에서 여성에 대한 차별을 철폐할 것을 요구한다. 또한 여성과 남성 간에 평등을 추구하기 위한 대책을 강구할 것을 요구한다.

1984년　스페인에서 유엔 여성차별철폐협약을 비준하다.

1985년　나이로비에서 제3회 유엔 세계여성대회 개최.

1992년　유엔 여성차별철폐위원회는 여성에게 가해지는 폭력에 대한 권고 제19호를 채택했다. 이는 여성에 대한 폭력이 여성의 종속을 반영할 뿐만 아니라 이를 영속화시키는 차별의 한 형태라고 밝히고 있으며, 각 국가가 모든 영역에서의 폭력을 근절시킬 것을 요청했다. 또한 유엔 여성차별철폐협약을 비준한 모든 국가는 4년마다 해당 위원회에 보고할 것을 요구했다. 이 보고서에는 각 국가의 법률에 대한 정보, 젠더 폭력 사건에 대한 기록뿐만 아니라 이를 멈추고 근절시키기 위해 국가가 채택한 대책도 포함되어야 한다.

1993년 비엔나에서 세계인권대회 개최.

여성에 대한 폭력과 아동 학대는 인권을 심각하게 침해한다는 점을 인정했다.

유엔 총회는 여성차별근절선언 실행을 위해 모든 유엔 가입 국가와 협력하고 유엔 여성차별철폐협약을 포함하는 일체의 내용을 전 세계가 함께 보강해나갈 것을 승인하였다.

유엔 인권위원회는 모든 유엔 가입 국가로부터 여성에게 가해진 폭력을 신고받아 조사에 착수할 권한을 지닌 특별보고관을 최초로 임명했다.

1994년 국제인구개발회의 개최. 이 회의를 통해 생식권(출산과 생식에 관한 자기결정권)은 인권이며 젠더 폭력은 여성의 생식 및 성 보건, 교육 그리고 경제활동에 여성이 참여하는 데 걸림돌이 되는 행위임을 인정하고 모든 국가가 여성 차별 근절을 선언하도록 했다.

1995년 베이징에서 제4회 유엔 세계여성대회 개최.

이 대회에서는 "여성에 대한 폭력은 평등, 발전, 평화라는 목표를 달성하는 데에 걸림돌이 된다. 여성에 대한 폭력은 인간의 본질적인 자유와 기본적인 인권을 누릴 자유를 침해하고 박탈한다. 더 나아가, 여성에 대한 폭력을 근절하는 것뿐 아니라 이러한 권리와 자유를 수호하고 발전시키는데 국가들이 그들의 역할을 다 하지 못하는 것이야말로 주의를 기울이고 논의해야 하는 주제"라고 선언했다. 이 대회에서는 21세기에 여성의 진보를 장려하기 위한 내용이 요약된 〈베이징 선언 및 행동 강령〉을 만장일치로 승인했다. 강령에서 규정한 사회적 폭력에 대한 국가의 책임을 확대하여 각 국가가 여성 폭력을 규탄하고 이를 근절시키기 위한 정책을 채택하도록 의무화하였다.

2010년 유엔 여성회UN Women 창설.

7월에 유엔 총회에서는 성 평등과 여성 역량 강화를 위한 기관인 유엔 여성회를 창설하여 앞서 언급한 문제들을 해결하도록 했다. 여성회의 창설은 유엔 내에서 남성과 여성의 평등에 초점을 맞췄던 네 개의 독립 기관, 즉 여성지위향상국DAW, 여성훈련원INSTRAW, 젠더관련사무총장특별자문관실OSAGI, 유엔여성발전기금 UNIFEM을 하나로 통합시키는 프로그램의 일환이었다.

에코 페미니즘

에코 페미니즘은 페미니즘운동, 환경운동 그리고 영성 운동이 결합한 여성 환경 네트워크 Women's Environmental Network로 정의할 수 있습니다. 에코 페미니즘에는 다양한 줄기가 존재합니다. 이 운동에서 가장 두드러진 특징은 강력한 성차별적 경제 발전 정책으로부터 여성을 보호하는 능력 그리고 그들의 조직력입니다.

남반구 국가에서는 여성들이 음식이 만들어지는 모든 단계를 담당합니다. 라틴아메리카와 아시아에서는 여성들이 50% 이상의 식재료를 생산하는 것으로 추산되며, 아프리카에서 이 비율은 80%에 이릅니다. 게다가 물과 장작을 옮기는 이들 또한 여성입니다.

그 대가로 여성들이 얻는 것은 재산의 1% 뿐이며, 금융·원조·교육·문화에 대한 접근은 굉장히 제한되어 있습니다. 에코 페미니스트들은 역사상 처음으로 빈곤이 점점 더 여성의 얼굴을 한다는 점에 대해 경각심을 불러일으켰습니다.

1962년 출판된 레이첼 카슨의 저서 《침묵의 봄*Primavera silenciosa*》을 에코 페미니스트들은 "최초의 목소리"라고 일컬었습니다. 그는 작품에서 기술의 진보가 어떻게 생태 위기를 일으켰는지 고발했으며, 더 나아가 농화학이 새들의 노랫소리도 없고 곤충들의 윙윙거림도 없는 "침묵의 봄"을 야기할 수 있음을 경고하고 이를 극복하는 새로운 길을 제시했습니다.

---

 * 레이첼 카슨Rachel Carson(1907~1964). 미국 해양생물학자이자 생태학자로, 현대 환경을 비판적으로 바라
   보는 새로운 인식이 출현하는 데 결정적으로 기여했습니다.

남반구 국가에서 일어난 운동들 중에서 가장 잘 알려진 것은 반다나 시바*가 확산시킨 인도의 칩코 운동Chipko과 왕가리 마타이**가 지휘한 케냐의 그린벨트 운동이었습니다.

힌두어로 '포옹하다'라는 뜻을 지닌 '칩코' 운동은 1970년대 인도의 우타르프라데시Uttar Pradesh 주에서 여성들이 산림 벌채에 반대하면서 시작되었습니다. 여성들은 산에 있는 나무들이 잘려나가지 못하도록 힘껏 껴안았습니다. 이 운동은 1980년 인도 정부가 산림 벌채에 모라토리엄을 승인했을 때 절정에 이르렀습니다. 이들은 이내 대규모의 식수 캠페인을 펼치기 시작했습니다.

* 반다나 시바Vandana Shiva(1952~). 인도의 철학자이자 작가로, 1993년에 대안적 노벨상이라 불리는 올바른삶상Right Livelihood Award을 수상했습니다.

왕가리 마타이가 1977년에 시작한 그린벨트 운동은 지역 사회 개발과 환경보호를 결합한 운동입니다. 마타이는 "우리는 우리의 아들딸들이 굶어죽어가는 것을 가만히 앉아서 보고 있을 수 없다"는 생각으로 활동을 시작했습니다. 그린벨트 운동에 가담한 여성들은 3,000만 그루의 나무를 심고 5,000여 개의 보육원을 설립하였습니다.

** 왕가리 마타이Wangari Maathai(1940~2011). 2004년에 "지속 가능한 발전, 민주주의, 평화에 대한 공로"를 인정받아 아프리카 여성 최초로 노벨평화상을 수상하였습니다.

사이버 페미니즘

인터넷은 페미니즘의 발달에 중요
한 역할을 수행해온 도구입니다.
기존의 통신 수단을 인터넷이
대체하면서 페미니스트들은 자
체적으로 검토하고 정리한 자료
를 즉시 대량으로 배포할 수 있게 되
었으며, 새로운 제안이나 계획을 서로 쉽게 논
의할 수 있습니다. 게다가 이를 세계적인 운동
으로 발전시킬 수도 있습니다. 상업
출판 시장에서는 찾을 수 없는 텍
스트, 자서전, 문서에 접근하기
가 쉬워졌습니다.

도나 해러웨이

언제나 시간과 자원이 부족한 사회운동가들에게 인터
넷은 지역적인 범위를 넘어서는 세계적 규모의 캠페인
을 구상하고 실행하는 완벽한 수단이 되었습니다. 인
터넷을 이용하는 페미니스트들은 공유하기 쉬운 새로
운 형태의 페미니즘을 꾀하는 경향이 있습니다. 우리
는 창조성, 대안적 성격을 지닌 정보, 사회적 행동이라
는 세 가지 분야가 강력하게 발전 중인 사이버 페미니
즘이라는 거센 흐름에 대해 생각해볼 필요가 있습니
다.

1991년 호주에서 비너스 매트릭스VNS Matrix라고 불리는 예술가 그룹이 사이버 페미니즘이라는 용어를 창안하였습니다. 그들이 펼친 활동 중 한 가지는 페미니스트의 관점에서 안티-비디오게임을 설계하는 것이었습니다. 그들의 초기 작품은 전자적인 형식의 사진, 소리, 영상으로 만들어졌습니다. 그들은 문화적 고정관념을 비틀어 전복시키기 위해 과학기술을 활용하자고 제안했습니다.

사이버 페미니즘의 이러한 경향은 남성이 만든 신화로부터 떨어져 나와 사이버 공간에서 정보 기술을 통해 새로운 여성의 정체성을 구축하려는 것으로, 그 이론적 뿌리는 제3의 물결 시기의 프랑스 페미니즘에 두고 있습니다. 사이버 페미니즘 운동은 1997년 9월 20일에 독일인 코넬리아 졸프랑크Cornelia Sollfrank가 이끄는 단체인 OBN이 독일 카셀에서 열린 도쿠멘타X(가장 주목받는 세계 현대 미술 전시회 중 하나)에서 주관한 제1회 사이버페미니즘국제대회를 통해 더욱 공고해졌습니다. 사이버 페미니스트들은 스스로를 신선하고 뻔뻔하며 재치 있고 '인습타파'적인, 그러면서도 옳은 행동을 하는 이들로 정의합니다. 그들의 관점에서 사이버 공간은 젠더 투쟁을 진행하는 결정적인 영역입니다.

탈脫가부장을 향하여![17]

1970년대 이후 페미니스트들은 모두 경제활동을 시작했고 이는 21세기 초반까지 쉼 없이 계속되었습니다. 그들은 매우 열정적으로 일했습니다. 빼앗긴 자유를 되찾은 그들은—비록 모두 또는 전 세계에서 달성한 것은 아니지만—독립을 위한 토대를 마련했습니다.

새로운 자유가 부여한 첫 번째 권력은 이름을 붙일 수 없는 문제에 이름을 붙이고 여성성이라는 가면을 벗겨버린 것입니다. 그들 앞에는 거대한 임무가 주어져 있었습니다. 그것은 수많은 "남성의 오류"를 견제하고 해체시키는 것이었습니다.

각 집단은 페미니즘 사상과 실천 사이를 오가는 그들의 현실로부터 여성의 섹슈얼리티, 낙태와 생식권, 여성의 보건, 산아 제한, 영양, 스포츠, 과학·제약 연구, 임신, 출산, 모성, 빈곤의 여성화, 정체성의 상호교차성[*18] 등등의 문제들을 낱낱이 밝히기 시작했습니다. 여성에 관한 주제를 이야기할 때 항상 등장하는 신체 그리고 권력관계를 연구하면서 관행적으로 실현되면서 여성들을 통제하는 폭력의 심각한 문제점이 드러나게 되었습니다. 사실, 당시 페미니스트들이 "가정 내 폭력"이라는 명칭을 처음으로 만들어 붙였던 것은 여성의 신체와 권력관계를 최초로 인식하는 결정적인 사건이었습니다. 1970년대에 페미니스트들은 이미 여성에 대한 학대와 폭력을 매우 명확하게 지적할 수 있었습니다. 그러나 이러한 인식을 사회로 끌어내고, 정부와 지자체를 설득하여 긴급히 해결해야 하는 국가적 차원의 문제라는 사실을 납득시키기까지는 수십 년이 더 걸렸습니다.

* 활동가이자 학자인 킴벌리 윌리엄스 크렌쇼Kimberlé Williams Crenshaw가 1989년에 창안한 용어입니다.

같은 맥락에서 언어의 함정, 성차별적 미디어의 편향된 시각, 광고에 나타나는 여성에 대한 모욕적인 표현, 성적 학대, 임금 차이, 불충분한 사회복지, 역사적으로 이루어진 배제, 사회과학의 거짓말, 경험적 학문의 결핍 등등이 폭로되었습니다. 요컨대, 일방적인 남성의 관점을 보편적이고 중립적인 것으로 간주하는 것은 학문적으로 엄밀히 말하자면 "이제 더 이상 불가능하다"고 단호하게 선언한 것입니다. 21세기를 맞이하여, 이제 우리에게는 "하나로 연대"를 향해 나아감으로써 음지에 있는 여성들을 포함한 전 세계의 모든 여성들에게 여전히 해결되지 않은 채 남아 있는 "여성의 권리를 인권으로 바라보도록" 세상을 바꿔나가야 할 과제가 제기되고 있습니다.

여성들의 개인적이고 친밀한 관계와 다양한 삶의 방식에 대한 새로운 모델을 수없이 많이 창조해낸 이 모든 페미니즘의 실천은 프랑스혁명기 여성들의 대담함과 지성 그리고 인내심, 여성참정권론자들, 이상적·무정부주의적·사회적·마르크스주의적·급진적·계몽주의적인 서로 다른 경향의 페미니스트들에 의해 가능했습니다. 또한 인종과 국가를 불문하고, 부자든 가난한 사람이든, 회사원·자영업자·가정주부 그 누구든, 젊은이든 나이가 든 사람이든, 결국 삶은 그냥 살아가는 것을 넘어 주인이 되어 즐겨야 한다는 것을 아는 모든 이들 덕분에 가능했습니다.

스페인의 페미니즘

콘셉시온 아레날Concepción Arenal(1820~1893)

프랑코 독재 정권이 최후를 맞기 전까지는 스페인에서 대규모 여성운동이나 참정권 운동이 발생하지 못했습니다. 그렇지만 타인에 의해 정해진 원치 않은 삶에 반감을 갖고 이를 거부했던 작은 조직과 여성들마저 역사적으로 존재하지 않았던 것은 아닙니다.

　콘셉시온 아레날은 스페인의 모든 여성들이 끊임없이 요구했던 고등교육을 누린 최초의 여성 중 한 명이었습니다.

　콘셉시온은 1820년에 태어났습니다. 마드리드대학교에서 법학을 공부하고 싶었던 그는 남성복을 입고 수업을 청강했습니다. 종교재판소가 완전히 폐지된 해가 1834년임을 감안한다면, 콘셉시온 아레날의 행동은 단순한 반항 그 이상의 것이었습니다.

　스스로를 개혁주의자라고 생각한 그는 여러 가지 난관에 봉착할 때마다 영리하고 대담하게 극복해 나가면서 일생 동안 마음이 이끄는 대로 행동했습니다. 그 대가로 그는 자신이 여성이라는 사실을 숨겨야 했습니다.

마리아 텔로María Telo는 콘셉시온이 《선행, 박애 그리고 관용La beneficencia, la filantropía y la caridad》이라는 저서로 1860년에 스페인왕립학술원에서 최초로 상을 수상한 여성이 되었다고 말했습니다. 콘셉시온의 이 작품은 학술원에서 주관하는 시상식의 '도덕 및 정치 학문 분야에서 수상을 할 정도로 중요성을 인정받았습니다. 그러나 당시의 학술원 회원들은 여성에게 상을 주지 않을 것이라고 생각한 그는 이 작품을 자신의 아들 페르난도의 이름으로 제출했습니다. 열 살의 어린 소년이 어머니의 손을 잡고 상을 받으러 나가자 학술원 회원들은 물론 대중들도 놀라움에 입을 다물지 못했습니다. 그들은 시상을 취소하려고 했지만, 이미 되돌릴 수 없는 일이었습니다.

'여성의 권리'와 '교도소 수감 상황'이라는 두 가지 문제에 가장 천착했던 콘셉시온은 이를 심혈을 기울여 연구했습니다. 1865년에 《수감자들에게 보내는 편지Cartas a los delincuentes》가 출판되는데, 이 작품은 범죄는 사회적 차별의 결과라는 점을 증명하려 했던 선구적인 작품입니다. 3년 후 1868년에 당시 여성들의 서발턴[19]적 상황에 대한 가장 명료한 연구 중 하나인 《미래에서 온 여인La mujer del porvenir》이 발표되었습니다. 그리고 1884년에는 《스페인 여성의 실태El estado actual de la mujer en España》를 마무리했습니다.

에밀리아 파르도 바산
Emilia Pardo Bazán(1851~1921)

에밀리아 파르도 바산은 1851년 아 코루냐 주에서 태어
났습니다. 경제적으로 유복한 가정의 외동딸이었던 그
는 17세에 호세 키로가와 결혼해서 아들 하나와 딸 둘
을 낳았습니다.

에밀리아 아버지의 정치 활동 때문에[20] 젊은
부부는 갈리시아에서 마드리드로, 다시 유럽 중
부로 거처를 옮겼습니다. 1873년에 스물두 살
이 되어 마드리드로 돌아온 에밀리아 파르
도 바산은 영어와 프랑스어 그리고 독일
어를 익힌 상태였습니다.

작가로서 그가 낸 소설들은 대중들
로부터 호평을 받았습니다. 하지만 자
연주의에 대한 그의 논설들은 큰 논쟁
을 불러일으켰고, 당시 모든 비평가들
의 입방아의 중심에 놓이게 되었습니
다. 문학적인 면뿐만이 아니었습니다.
그가 결혼했고, 아이들이 있고, 여성이라
는 것 등등 모든 면에서 그는 비난을 받
았습니다. 그러나 정말로 그를 숨 막히게
한 것은, 그때까지만 해도 에밀리아가 쓴
작품의 협조자이자 지지자였던 남편이
그에게 문학을 포기할 것을 요구한 사
실이었습니다. 에밀리아는 남편을 포
기했고, 결국 부부는 결별했습니다.

남편과 헤어진 후 쓴 첫 소설은《연단La Tribuna》으로, 이 작품은 참신하게 당시의 시대 상황을 철저히 고증했습니다. 당시 스페인 여성들 사이에서 경제활동의 일환으로 담배 공장에서 일하는 것이 성행했는데, 이 소설은 그곳에서 일하는 여성 노동자들의 권리를 옹호하는 작품이었습니다. 이 소설이 발표된 후에 그의 대표작인《우요아의 저택들Los Pazos de Ulloa》이 출간되었습니다. 에밀리아 파르도 바산은 스스로 자유로워지기 위해서 그리고 경제적으로 독립하기 위해서 1921년에 숨을 거두기 전까지 글을 쓰며 살았습니다. 모든 저항적인 여성들이 그렇듯이, 에밀리아 역시 자신이 여성이라는 사실에 크게 구애받지 않았습니다. 그는 1890년에 여러 가지 주제의 논설을 모아《스페인 여성La mujer española》을 발표했습니다. 이 작품에서 그는 교육과 모성이라는 주제를 다뤘습니다. 그가 말하는 교육과 모성은, 훌륭한 어머니가 되어 자녀들을 훌륭하게 양육시키는 방법을 배우는 것과는 달랐습니다.

나는 인간의 존엄성을 말함에 있어서, 타인에게 종속되어 버린 상대론적 운명이라는 개념은 매우 억압적인 것이라고 생각한다. 그러므로 여성들이여, 그대들이 얻고자 하는 합리적인 교육과 문화를 기필코 쟁취하라. 무엇보다 스스로를 위해, 스스로의 논리를 전개시키고 그대들이 아는 본래의 권리를 행사하기 위해. 모성이라는 역할은 일시적인 것을 넘어 학습되는 것이다. 모든 여성들은 생각이 있지만, 모든 여성들이 자식이 있는 건 아니다. 인간은 재배하고 수확하는 과일 나무가 아니다.

지식의 중심, 남성의 영역

1882년 10월에 돌로레스 알레우Dolores Aleu는 마드리드중앙대학교 박사 논문 심사장에서 다음과 같이 발언했습니다.

"오늘 바로 이 자리에서 저는 제가 가진 엄연한 권리를 행사할 것입니다. 불행히도 이 권리는 여전히 몇몇 스페인 여성들이 행사하기에는 한계가 있는 권리입니다. … 여성이 교육받는 일이 위험한 일이라고 믿고 말하는 사람이 있다는 것은 정말이지 믿기 어려운 일입니다. … 그게 아니면, 실험해보시기 바랍니다. 남자아이와 여자아이를 교육과 양육, 환경과 영양, 사회적 관습과 관심에 있어서 모두 같은 조건에 두세요. 그러면 사람들은 훌륭한 여성도 있고 무능력한 여성도 있다는 사실을 알게 될 것입니다. 바로 남성들과 마찬가지로 말입니다."

돌로레스 알레우는 의대를 졸업한 후 박사학위를 취득한 최초의 여성이 되었습니다.

닦아내고 견고히해서 빛을 내라!

스페인왕립학술원

알레우는 위대한 반항아 에밀리아 파르도 바산과 같은 시대를 살았습니다. 에밀리아는 마드리드중앙대학교 문학과에서 정교수가 된—실제로는 그 권리를 행사할 수 없었지만—최초의 여성이자 스페인왕립학술원에 가장 많이 망신을 준 여성이었습니다. 남성과 여성 모두의 언어를 만들고 규정하는 이 기관은 남성의 것이었습니다.

여성들의 입회 요구에 대한 그들의 대답을 보면, 왕립학술원은 여성들의 지식이나 학식 혹은 인식에 대해서는 전혀 신경 쓰지 않았던 것으로 보입니다. 에밀리아 이전에도 헤르트루디스 고메스 데 아베야네다Gertrudis Gómez de Avellaneda와 콘셉시온 아레날이 가입을 시도했지만, 들어갈 수 없었습니다. 왕립학술원은 카르멘 콘데Carmen Conde가 1981년에 마침내 악폐를 깨뜨리기 전까지 무려 300년 동안 여성들에게 닫힌 공간이었습니다!

에밀리아는 그 기간 동안 가장 분명한 의도를 가지고 지원을 계속했던 사람입니다.

성별이 아니라 공로 그 자체로 인정받아야 합니다.

에밀리아 파르도 바산

여성 노동자들

남성들은 여성들과의 지적 영역에서의 경쟁만 받아들이지 못한 것이 아니었습니다. 공장에서도 마찬가지였습니다. 스페인 여성이 대학에서 하나 둘 모습을 보이기 시작했던 그 당시에, 수천 명의 여성들이 매우 열악한 조건 속에서 공장에서 일하고 있었습니다. 현대적이고 계획적인 개혁과는 동떨어져 있던 스페인이었음에도 불구하고, 19세기 말에 서서히 진행되기 시작된 산업화는 수많은 여성들을 노동 현장으로 끌어들였습니다. 1883년에 사바델[21]에서는 "7주간의 파업"이 소집되었습니다. 이 파업은 인간다운 대접을 받지 못하며 일하던 수많은 여성 노동자를 결집시켰습니다.

1900년에 "여성과 어린이를 위한 노동법"과 함께 20세기가 시작되었습니다. 이는 산업 현장에서 여성의 노동을 보호하는 첫 번째 입법 조치였습니다. 그러나 유럽의 페미니스트 사회주의자들이 주장했듯이, "여성과 어린이를 위한 노동법"은 노동 현장에서 일하는 여성을 보호하는 법이 아니라 유급 노동에서 그들을 몰아내는 법으로 이용되었습니다. 그들의 남성 동료들은 '동일 노동 동일 임금'을 지지하면서 여성들의 급여를 낮추지 못하게 하고 불합리한 경쟁을 멈춰 세워 남성과 여성이 동등하게 노동의 대가를 분배받도록 함께 투쟁하는 길이 아니라, 그 반대의 길을 선택했습니다. 이를 위해 남성 노동자들은 심지어 파업까지 했습니다. 바르셀로나의 몇몇 밀가루 반죽 공장에서는 모든 여성들을 내쫓을 때까지 네 달 동안 공장이 멈춰 섰습니다.

여성 노동자들은 1846년에 카롤리나 코로나도Carolina
Coronado가 예술계 속 여성의 존재에 대해 말한 것과 자신
들의 상황이 비슷하다는 생각을 했습니다.

> 여성 시인의 존재 여부를 남성들이 결정하는 건 의미
> 없는 일이다. 왜냐하면 그건 남성의 의사에 달린 문제
> 가 아니기 때문이다.

1930년에 여성 노동자들은 스페인의 전체 노동력 중 12.6
퍼센트를 담당했습니다. 그러나 그들이 처한 사회적 조건
은 극도로 좋지 않았습니다. 여성들은 결혼을 하거나 자
녀를 출산할 경우 직장을 포기하고 가정에 충실하도록 강
요당했기 때문에 노동을 할 수 있는 나이가 현실적으로
25~30세를 넘지 못했습니다. 여성의 일자리는 언제든 그들
의 남편이 대체할 수 있는 자리로 간주되었기 때문에, 직업
을 선택할 수 있는 폭은 매우 제한적이었습니다.

카롤리나 코로나도

테레사 클라라라문트
Teresa Claramunt
(1862~1931)

테레사 클라라라문트는 페미니즘 사상을 가진 최초의 스페인 여성 노동자 중 한 명이었습니다. 클라라라문트는 스페인 자유주의운동 진영에서 뛰어난 활약을 펼친 활동가이자 섬유 공장 여성 노동자로 구성된 무정부주의 그룹의 창시자로 알려져 있습니다. 그의 활동은 혹독한 고문으로 인해 중단되었습니다. 1891년에 교도소에서 몸이 마비되기도 했으며, 이로 인해 노동운동과 투쟁을 계속할 수 없었습니다. 그럼에도, 1929년의 한 모임에서 그는 마지막으로 발언을 할 수 있었습니다.

1899년에 테레사 클라라문트는 다음과 같은 글을 썼습니다.

"도덕적인 사회에서 힘은 주먹의 세기가 아니라 지적인 수준에 따라 결정된다. 그렇다면, 도대체 왜 계속해서 우리를 연약한 성(性)이라고 부르는 것인가? … 그러한 수식어는 경멸을 넘어 동정을 불러일으키는 듯하다. 아니다. 우리는 그렇게 경멸적인 감정을 불러일으키고 싶지 않다. 생각하는 존재이자 이 세상의 반을 구성하는 인간으로서 우리의 위엄은 우리의 사회적 조건에 더욱 더 관심을 가질 것을 요구하고 있다. 우리는 작업장에서 남성들보다 훨씬 더 많은 착취를 당한다. 가정에서 우리는 강한 성(性)으로 태어났다는 이유만으로 ─마치 야만의 시대라도 되듯─ 군주가 될 권리라도 있는 것처럼 행동하는 폭군 같은 남편의 변덕에 맞춰가며 살아야 한다. … 자유주의자라고 불리는 남성들은 헤아릴 수 없이 많다. 정치적으로 가장 진보적인 정당도 이에 뒤지지 않는다. 그렇지만 남자들 그리고 정치적으로 가장 진보적인 정당들 모두 여성의 존엄에 대해서는 전혀 신경 쓰지 않는다."

엘리사가 마리오로 바뀐 날

작은 시골 마을은 으레 그렇듯 여성들에게 폐쇄적이었지만, '두 사람'은 비정상으로 보일 정도로 대담한 용기를 가지고 있었습니다. 이사이아스 라푸엔테Isaías Lafuente는 보수적인 사회가 강요하는 억압에 목숨을 걸고 맞서며 여성들의 용감함을 증명한 과감한 사랑 이야기를 기록했습니다.

사건은 아 코루냐에 있는 산 호르헤라는 작은 교회에서 일어났습니다. 그곳에서 갈리시아 출신 교사 마르셀라 그라시아와 엘리사 산체스가 깊은 관계를 맺고 있었습니다. 그들은 학창 시절부터 알던 사이였는데, 마르셀라의 부모님이 뭔가 "이상한" 일이 벌어지고 있다고 의심해서 잠시 이별했습니다. 그러나 그들은 학업을 마친 후 이웃한 마을로 각각 파견되었습니다. 엘리사는 칼로로, 마르셀라는 마을에서 교사를 위해 준비해둔 관사가 있는 둠부리아로 발령받았던 것입니다.

2년 동안 엘리사는 마르셀라와 함께 잠들기 위해 매일 밤 두 마을을 갈라놓는 12킬로미터나 되는 길을 걸었습니다.

그러나 그들의 관계는 비밀이었습니다. 그래서 엘리사는 마리오로 변장해야 했습니다. 외모를 남성처럼 위장하고 바지를 입은 채 엘리사(마리오)는 런던에서의 유년시절, 어렸을 적 그에게 세례를 받지 못하게 했던 무신론자 아버지 등의 이야기를 지어내야 했습니다.

엘리사는 산 호르헤의 주교 코르티에야 신부를 설득해서 세례를 받고 첫 성체배령을 할 수 있었습니다. 그리고 1901년 6월 8일 오전 7시 30분에 마리오가 되었습니다.

그 후 마르셀라는 마리오가 된 엘리시와 결혼식을 올렸습니다. 그들은 코르쿠비온의 펜션에서 남편과 아내가 되어 첫날밤을 보냈습니다. 그러나 이내 잡지《갈리시아의 목소리*La Voz de Galicia*》가 이 '사기극'을 보도하면서, 이들 부부에게 수색 영장이 발부되어 결국 체포되었습니다. 이들은 마을뿐만 아니라 스페인에서 추방당하고 말았습니다.

오포르투[22]에서 아메리카로 향하는 배에 승선했던 그들의 여행이 어떻게 끝을 맺게 되었는지 아는 사람은 아무도 없습니다. 그렇지만 자신이 아닌 것처럼, 스스로가 원하지 않는 삶을 살도록 그들에게 강요된 규범에 맞섰던 두 여성의 대담한 행동은 역사의 한 페이지에 고스란히 남아 있습니다.

가정의 천사

강의실에서도, 학술원에서도, 공장에서도, 가정에서도⋯.
20세기가 시작되었지만, 클라라 캄포아모르가 보통선거
를 주장하기 전까지 사실상 스페인에서는 사회적으로
요구되는 여성상만 인정받았습니다. 여성은 가정의 천
사가 될 것을 강요당했습니다. 그때까지만 해도 여성
이 가질 수 있는 유일하고 절대적인 목표는 결혼을
하고 어머니가 되는 것이라고, 그것이야말로 올바
른 길이라고 온 사회가 말해왔기 때문입니다. 여성들
은 '신체적·정신적으로 유약하기 때문에 열등한' 존재로
여겨졌습니다. 그래서 어릴 땐 아버지가, 나중에는 남편이, 즉 남성이 여성을 항상 '보호하는
현실'이 정당화되었습니다.

교육받을 권리

20세기에 스페인의 문맹률은 높은 수준이었습니다. 특히 여성 문맹률은 71퍼센트에 달했습니다. 20세기의 첫 30년 동안 교육은 커다란 논쟁의 대상인 동시에 하나의 과제였습니다.

첫 걸음이 1910년에 시작됐습니다. 마침내 스페인 여성들도 대학교에 출석할 수 있게 되었습니다.

그 다음 해부터 남녀 동일 교육을 보장하는 학생 기숙사가 생겨나기 시작했습니다. 학문연구및조사위원회의 장학금 제도 덕분에 많은 스페인 여성들이 역사상 최초로 해외에 나갈 수 있게 되었습니다. 마드리드국제연구소 그리고 여학생 기숙사의 문이 잇달아 열렸습니다.

이와 같은 모든 기관들이 개방됨에 따라 마리아 데 마에스투María de Maeztu나 빅토리아 켄트 Victoria Kent와 같은 젊은이들이 특별한 교육을 받을 수 있었습니다.

마리아 데 마에스투   빅토리아 켄트

마드리드 학생 기숙사

리세움클럽의 지식인들,
신여성 그리고 여성참정권론자들

엘레나 포르툰

마리아 데 마에스투는 여학생 기숙사에서 만난 여성들과 함께 1926년에 〈리세움클럽〉을 만들었습니다. 이 모임은 유럽에 있던 다른 여성 클럽들과 마찬가지로, 여성들을 위한 토론과 사색의 공간이 되었습니다.

리세움은 찬사와 비난을 동시에 받았습니다. 대중매체에서는 대체로 리세움클럽 회원들에게 당시 주요하게 다뤄지던 일부 사안에 대해 질문하곤 했지만, 회원들 중 적지 않은 수의 여성들이 유명한 남성들의 아내라는 이유로 "부인들의 모임"이라고 폄하하는 대중도 없지는 않았습니다. 물론 '부인들'의 능력은 그들의 남편들과 비교할 때 부족하지 않았습니다.

세노비아 캄프루비

모임 회원 중에는 후안 라몬 히메네스[23]의 아내 세노비아 캄프루비Zenobia Camprubí가 있었습니다.

그는 스페인에 도착했을 때[24] 이미 스페인어 외에도 영어와 프랑스어를 할 수 있었습니다. 노벨문학상을 수상한 인도 시인 라빈드라나트 타고르Rabindranath Tagore의 작품을 번역했고 경제적으로 여유로운 생활을 향유하였습니다. 그가 일을 하고 있었기 때문에, 후안 라몬과의 관계에서 경제적으로 안정적인 생활을 가능케 한 사람은 사실상 세노비아였습니다.

리세움클럽 회원 중에는 또한 엔카르나시온 아라고네세스Encarnación Aragoneses도 있었습니다. 그는 고르베아[25]의 아내이며, 엘레나 포르툰이라는 필명으로 "셀리아"[26]를 창조한 작가입니다. 또한 평생 동안 남편 그레고리오 마르티네스 시에라의 이름으로 서명된 글을 쓴 총명한 여성 마리아 레하라가María Lejárraga도 있었습니다.

어쨌든 분명한 것은 리세움이 독립적인 여성의 지적 준거이자 표상이 되었다는 점입니다.

마리아 레하라가

페미니즘 만세

마리아 텔로

195

소소한 변화들과 초기 페미니스트 조직들

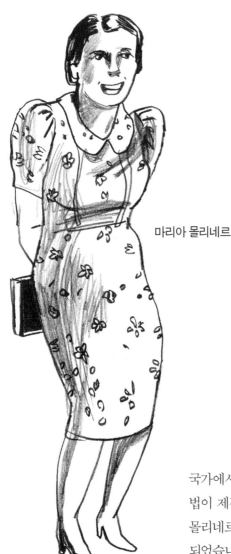

마리아 몰리네르

국가에서 여성부를―부수적인 범주 내에서―허가하는 공무원법이 제정되었습니다. 클라라 캄포아모르가 우편부에서, 마리아 몰리네르가 문헌정보부에서 역사상 최초로 임용된 여성 공무원이 되었습니다.

10월 20일에 몇몇 여성들이 사업가 마리아 에스피노사María Espinosa의 사무실에 모여 전국스페인여성협회ANME를 조직했습니다. 협회에는 마리아 데 마에스투, 클라라 캄포아모르, 빅토리아 켄트, 엘리사 소리아노와 베니타 아사스를 비롯하여 중산층, 교사, 작가, 학생 등 다양한 여성들이 가입했습니다.

전국스페인여성협회는 또 다른 여성들과 함께 결집하여 스페인페미니스트최고위원회를 구성하였습니다.

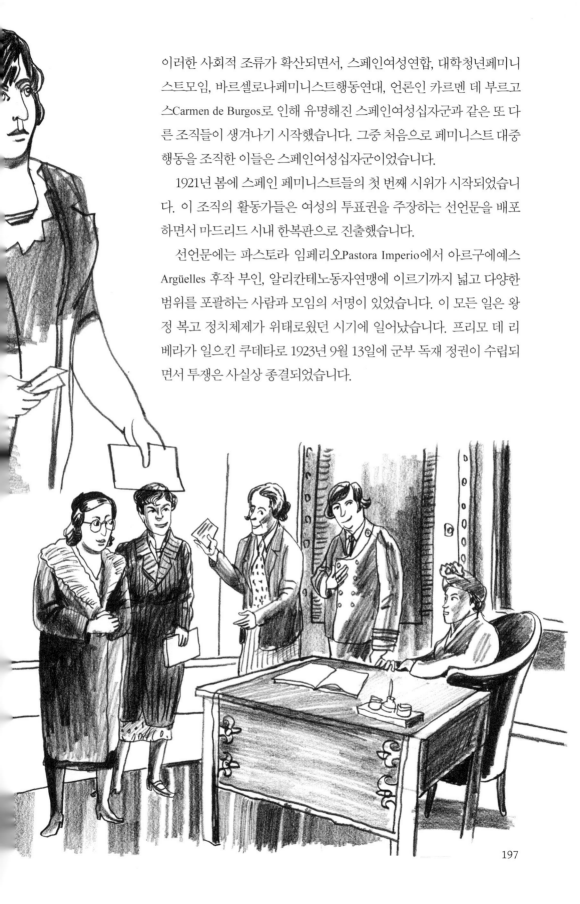

이러한 사회적 조류가 확산되면서, 스페인여성연합, 대학청년페미니스트모임, 바르셀로나페미니스트행동연대, 언론인 카르멘 데 부르고스Carmen de Burgos로 인해 유명해진 스페인여성십자군과 같은 또 다른 조직들이 생겨나기 시작했습니다. 그중 처음으로 페미니스트 대중행동을 조직한 이들은 스페인여성십자군이었습니다.

1921년 봄에 스페인 페미니스트들의 첫 번째 시위가 시작되었습니다. 이 조직의 활동가들은 여성의 투표권을 주장하는 선언문을 배포하면서 마드리드 시내 한복판으로 진출했습니다.

선언문에는 파스토라 임페리오Pastora Imperio에서 아르구에에스Argüelles 후작 부인, 알리칸테노동자연맹에 이르기까지 넓고 다양한 범위를 포괄하는 사람과 모임의 서명이 있었습니다. 이 모든 일은 왕정 복고 정치체제가 위태로웠던 시기에 일어났습니다. 프리모 데 리베라가 일으킨 쿠데타로 1923년 9월 13일에 군부 독재 정권이 수립되면서 투쟁은 사실상 종결되었습니다.

프리모 데 리베라 독재 정권

프리모 데 리베라는 정권의 기조를 발표했는데, 목적이 매우 분명했습니다.

이 운동은 남성들의 것이다. 그러므로 남성성에 맞지 않는다고 생각하는 이가 있다면 우리가 국가를 다스리는 이 호황기에 조용히 저 한쪽 구석으로 물러나 있으라.

이러한 원칙을 발표한 이후 프리모 데 리베라 장군은 여성 문제에 대해 가부장적인 태도를 취합니다. 그런데 역설적이게도 프리모 데 리베라 독재 정권기인 1923년 9월에 여성들에게 투표권을 부여한 지방자치기 본법이 공포됩니다. 그러나 이는 가정 내 불화를 피한다는 명목으로 대다수의 기혼 여성을 제외한 여성들에게 투표권을 허용한 불완전한 것이었습니다. 다시 말해, 투표권은 모두에게 주어지는 것이 아니었고, 어차피 독재 정권 시대에는 투표권을 제대로 행사할 수도 없었기 때문에 사실상 무용지물이었습니다. 독재자 프리모 데 리베라가 자신의 체제를 강화하기 위해 단 한 번 실시했던 일종의 모의 선거를 제외하면 말입니다. 1926년 9월 11일에 거행된 이 국민 투표 작전에는 스페인 역사상 최초로 18세 이상의 모든 성인들이, 성별을 불문하고, 참여할 수 있었습니다.

독재 정부가 여성에게 허락해준 것은 쓸모없는 평등이었다.

클라라 캄포아모르

마르가리타 넬켄   빅토리아 켄트   클라라 캄포아모르

투표권

제2공화국 군부 독재가 막을 내리고, 난국에서 간신히 빠져나온 미겔 마우라Miguel Maura 임시정부 내무부 장관은 사법재판소에서 실용주의를 선택했습니다. 장관은 제헌 의회 국회의원들 앞에서 선거 규제에 대한 안건을 발의하였습니다. 안건에서는 수동적인 여성참정권을 인정했습니다. 즉, 여성들은 선출할 수는 없지만 선출될 수는 있다는 것이었습니다. 투표할 수는 없지만, 입법에 참여할 수는 있게 된 것입니다.

1931년 6월 선거에서 당선된 국회의원 470명 중에서 여성은 단 세 명뿐이었습니다. 바로 진보당의 클라라 캄포아모르, 급진주의사회당의 빅토리아 켄트, 사회노동당의 마르가리타 넬켄입니다. 마르가리타는 마드리드에서 태어나긴 했지만, 스페인으로 이민 온 독일인들의 자녀였습니다. 그래서 국회의원으로 등록하기 위해 그는 스페인 국적을 먼저 취득해야 했습니다. 그리고 몇 개월 후 스페인 국적을 취득했습니다.

470명 중 단 세 명에 불과했지만, 다른 남성 의원들은 그들을 눈엣가시로 여겼습니다. 스페인 대통령도 예외는 아니었습니다. 마누엘 아사냐는 1932년 1월 5일이라고 적힌 자신의 일기에 다음과 같이 썼습니다:

"넬켄이 정책에 대해 발언한 것이 내 신경을 건드린다. 그는 무분별한 사람이다. 평생을 그림에 관련된 글을 썼던 사람이었기 때문에 정치적 야망을 가지고 있을 것이라고는 상상조차 하지 못했다. 그래서 바다호스 지역 입후보자였던 그를 봤을 때 너무 놀랐다. 돌밭을 깨부수면서 사회주의자들의 표를 얻어냈는데, 사회노동당은 그를 국회의원으로 인정하라고 한다. 넬켄이 의회에 앉기까지 거쳐야 할 모든 일에 통과하려면, 자부심과 야망이 필요하다. … 캄포아모르는 켄트보다 더 영리하고 언변이 있는 사람이지만, 더 까다로운 사람이기도 하다."

클라라 캄포아모르Clara Campoamor(1888~1972)

클라라 캄포아모르는 스페인의 마라비야스Maravillas라는 동네에서 태어났습니다. 그다지 넉넉하지 않은 가정에서 자란 클라라는 열세 살에 아버지를 잃었습니다. 그때부터 그는 중노동을 해야 했습니다. 그리고 한참 후인 서른여섯의 나이에 법학 학사 학위를 받았습니다.

그는 대법원에서 재판한 최초의 여성이었습니다. 아테네오[27] 회원이자 잡지《자유La Libertad》의 공동 편자이기도 했던 그는 어떤 소송도 등한시하지 않았습니다. 특히 여성의 권리에 대해서 더욱 관심을 가졌던 까닭에 콘차 에스피나[28]가 그의 남편 라몬 고메스 데 라 세르나[29]와, 호세피나 블랑코[30]가 그의 남편 바예-인클란[31]과 이혼할 수 있도록 도움을 주었습니다.

클라라 캄포아모르는 1931년 헌법 제정과 관련하여 논쟁이 벌어진 의회 토론에서 헌법이 여성을 차별하지 못하도록 하는 데 결정적인 역할을 했습니다. 그는 헌법편찬위원회의 일원으로 참여하여(그는 스페인 역사상 전무후무한 '헌법 편찬에 참여한 여성 헌법학자'입니다) 입법 의회에서 발언한 최초의 여성이 되었습니다. 그렇게 보통선거라는 캄포아모르의 걸작이 탄생했습니다.

헌법의 초안을 작성한 사람들은 양성평등에 대해 인색하게 굴며 다음과 같이 발의했습니다.

"출생, 사회계층, 재산, 정치적 이념 그리고 종교적 신념은 법적 특권의 근거가 될 수 없다. 양성평등의 권리도 원칙적으로는 이에 해당한다."

클라라 캄포아모르는 "원칙적으로는" 이라는 납득할 수 없는 표현에 빈정거리며 항의했습니다.

이 조항의 첫 단락을 작성할 때 아마도 틀림없이 깜빡 잊고 빠뜨렸던 부분만 간단하게 시정하면 됩니다. 그 부분에서는 출생, 사회계층, 재산, 정치적 이념 그리고 종교적 신념은 법적 특권의 근거가 될 수 없다고 말하고 있습니다. 하필 이 단락을 작성할 때 깜빡하는 바람에 성별 역시 특권의 근거가 될 수 없다는 점이 생략되어 버린 거겠지요.

202

결국, 해당 조항은 다음과 같이 개정되었습니다.

"본성, 성별, 부모와 자녀의 관계, 사회계층, 재산, 정치적 이념 및 종교적 신념은 법적 특권의 근거가 될 수 없다."(제25조)

이후 클라라는 여성의 투표를 주장하였습니다. 1931년 9월 1일, 클라라 캄포아모르의 최종 발언은 수많은 국회의원을 설득해냈습니다. 최종 결과는 찬성 161표, 반대 121표였습니다. 여성참정권에 반대표를 던진 이들은 공화행동당, 빅토리아 켄트가 소속된 급진주의사회당 그리고 클라라 캄포아모르 자신이 소속되어 있었지만 50명의 당원 중 단 한 명도 설득시킬 수 없었던 진보당이었습니다. 그에 반해, 찬성표를 던진 이들은 우익 정당들, 소규모의 공화당들과 민족주의당에 있었으며, 비록 인달레시오 프리에토와 같은 예외적인 인물도 있긴했지만, 사회노동당 역시 캄포아모르의 의견에 손을 들어주었습니다.

1933년에 시행된 총선에서 우익 정당이 압승을 거둔 반면 좌익 정당은 침몰하였습니다. 그 결과를 여성들이 투표권을 행사한 탓으로 해석하기 쉽지만, 이는 사실은 아닙니다. 좌익 정당은 분열했기 때문에 완패했던 것입니다. 이는 1936년에 치러진 다음 총선에서 인민전선 Frente Popular으로 연합한 좌익 정당이 승리를 거둠으로써 증명되었습니다.

아무도 그에게 용서를 구하지는 않았습니다. 스페인 내전이 발발하면서 그는 망명을 떠났습니다. 1972년 스위스 로잔에서 생을 마감한 클라라 캄포아모르는 생전에 끝내 스페인으로 돌아오지 못했습니다.

그러나 클라라 캄포아모르가 말했듯이 "1933년 이후 실행된 여성의 투표는 남성들의 우졸함을 씻어 줄 최고의 표백제"였습니다.

1931년 10월 1일 입법 의회에서
클라라 캄포아모르가 발표한 연설문(전문)

존경하는 의원님들. 저는 우리의 동료인 빅토리아 켄트 의원이 발표한 성명을 비난하거나 공격하고 싶지 않습니다. 오히려 오늘날 여성이 처음으로 얻게 된 자격을 부정하려는 최면을 스스로에게 걸면서 그가 겪었을 정신적인 고통을 이해합니다. 저는 사회당 의원님들이 필요에 의해 어쩔 수 없이 자신들의 정책에 반하는 의견을 등록하기 위해 의회에 갔다는 이야기를 그에게 들으면서, 그의 머릿속에 어떤 식으로든 아나톨 프랑스의 쓸쓸한 문구가 스쳐 지나갔을 것이라고 생각했습니다.

오늘 오후에 여성의 투표권을 반대하며 나온 일련의 발언에 대해서, 저는 감히 단언컨대 여성들은 실제로 아무런 지지도 받지 못하고 있다는 말씀을 드려야겠습니다. 몇 가지 예를 들어보겠습니다. 여성들은 언제 모로코 전쟁에 반대하여 들고 일어났을까요? 첫째로, 남성들은 왜 모로코 전쟁에 반대하지 않은 걸까요? 둘째로, 쿠바 전쟁이 발발했을 때 사라고사에서 여성들보다 더 항의하고 시위했던 사람은 누가 있지요? 안누알[32]의 재앙에 대한 아테네오의 책임에 통감하는 시위와 행진에 여성보다 더 큰 힘을 실어준 사람은 누가 있었습니까? 이 행진에는 남성들보다 여성들이 더 많이 참여했는데 말입니다.

바로 여성들입니다! 여성들이 국가를 살리기 위한 이정표를 제시하는데, 어떻게 여성들에게 투표권은 포상 같은 것이라고 말할 수 있습니까? 여성들은 국가를 위해 싸우지 않았다고요? 여성 노동자들과 여성 대학생들을 칭찬하면 당신의 능력이 주목받지 못합니까?

그리고 혹여나 여성 노동자들과 여성 대학생들에 대해 당신들이 말을 할 때에조차, 이 두 계급 어디에도 속하지 못하는 다른 여성들을 무시하는 게 허용된다고 생각하는 겁니까? 그 여성들은 법적인 보호를 받지 못해도 되는 겁니까? 그들은 다른 여성들이나 남성들처럼 국가를 유지하기 위한 세금을 내지 않습니까? 바로 이곳에서 양성 모두에 해당하지만 한쪽 성에 의해서만 주도되는 입법의 결과는 그들에게 해당하지 않는 겁니까? 어떻게 여성은 아직 제대로 투쟁해보지 않았기 때문에 그들의 능력을 보여주려면 한 국가가 만들어질 만큼 기나긴 시간이 필요하다고 말할 수 있는 겁니까? 왜 그게 남성들에게는 적용되지 않는 겁니까? 이제 공화국이 도래하고 있는데, 어째서 남성은 이미 소유한 자신들의 권리를 여성은 다른 곳에 묵혀둬야만 합니까?

국가를 위해 투표하는, 그리고 국민의 투표로 선택받은 존경하는 의원님들, 잠시 생각해보시고 대답해주시길 바랍니다. 만약 당신들만 투표를 할 수 있다면, 여러분에게 남성들만 투표를 할 수 있다면, 여성의 투표는 어디에도 없는 것입니까? 그렇다면, 만약 여러분이 남성의 정치 생활에 여성은 전혀 영향력을 행사하지 못한다고 말한다면, 여러분은, 주목해주세요, 당신을 존중하려는 이들의 반감을 키워가면서 자신의 세력을 구축하겠다는 것입니다. 그렇게 그들을 거절하면서 여러분이 승인하고 선포한 그 세력의 이름으로 선거와 관련한 문제에 대해서 여성들이 입장할 문을 닫아버릴 겁니까? 여러분이 그럴 권리가 있나요? 아니요. 여러분에게는 당신들이 만들어낸 법이 허락한 권리는 있을지 몰라도, 모든 인간에 대한 존중에 입각한 근본적인 자연권을 막아 나설 권리는 없습니다. 따라서 여러분의 행위는 부당하게 권력을 차지한 것을 뜻할 뿐입니다. 여성들이 자신의 입장을 밝힐 수 있도록 내버려두세요. 그러면 아마 당신들이 지금의 권력을 계속해서 유지할 수 없다는 것도 알게 될 겁니다.

저는 지금 이 문제를 그 지겨운 법적인 관점에서 따지고 들고자 하는 것이 아닙니다. 그리고 여러분은 여성을 모든 권리를 지닌 인간으로 보는 것이 전적으로 윤리 문제라는 사실을 이미 알고 있습니다.. 왜냐하면 이미 1796년에 피히테가 '오직 여성을 인간으로 보지 않는 사람만이 남성과 시민은 모든 권리를 지니며, 여성의 권리는 남성의 그것과 같을 수 없다고 단언할 수 있을 것'이라는 견해를 피력했기 때문입니다. 그리고 1848년에 빅토르 콩시데랑Victor Considerant은 프랑스 국회에서 기립한 상태로 걸인과 하인 그리고 문맹자에게도 투표권을 인정한 헌법이 여성에게 투표권을 주는 것을 거부하는 일은 있을 수 없다고 발언했습니다. 이는 법의 관점으로 보아야 하는 것이 아닙니다. 변호사는 유감이겠습니다만, 지금의 상황은 법의 영역이 아니라 헌법이 보장하는 참정권이라는 여성의 권리에 대해 여성들이 자신들의 권리를 주장하러 몰려올 수도 있을 것이라는 이곳에 퍼진 두려움에서 나온 것입니다.

공리주의적이고 실용적인 관점에서 생각해봅시다. 도대체 여러분은 무슨 이유로 여성을 책망하는 겁니까? 무지하다고 비난하는 건가요? 통계 자료라는 것이 달갑지만은 않지만, 저는 스페인의 문맹률에 대한 루수리아가Luzuriaga 씨의 연구를 언급하지 않을 수가 없네요.

그는 1868년부터 1910년에 이르는 기간을 연구했습니다. 기간이 짧은 이유는 통계 조사가 매우 천천히 진행되기도 했고 또 몇몇 자료들은 스페인에 없었기 때문이지요.

그런데 이 통계가 무엇을 말하고 있는지 아십니까? 1860년에서 1910년까지의 기간 동안 세계의 수치를 제시하면서, 전체 남성 문맹이 줄어들기는커녕 73,082명이 증가한 반면 여성은 48,098명이 감소했다고 전하고 있습니다. 또한 전 세계 문맹률에 있어서 남성은 12.7퍼센트만 감소한 반면 여성은 20.2퍼센트가 감소했다고 보고하고 있습니다. 이 연구 결과는 간략히 말해 여성의 문맹률 감소가 남성에 비해 더 빠르게 진행되고 있으며, 남성과 여성 모두 문맹률이 감소하는 과정에서 여성들이 남성들의 기초 학문 이해 수준에 도달하는 것에 그치지 않고 이를 넘어설 것이라는 점을 밝히고 있습니다. 이 연구는 1910년까지의 것입니다. 1910년 이후에도 상향 곡선을 그려갔으며, 오늘날 여성 문맹률은 남성보다 낮습니다. 그러므로 권리를 취득할 수 있는 관문에서 여성을 가로막는 것은 여성의 무지함이 아닙니다.

그리고 투표를 해야 할 남성에게 드리고 싶은 또 다른 이야기가 있습니다. 여러분은 남성 혼자 창조한 혈육이 아니라 양성이 함께 만들어낸 결실이라는 점을 잊지 마시기 바랍니다. 한 번은 제가 회의에 참석하지 못했을 때의 일지를 읽었는데, 어떤 의사가 바로 이곳에서 남성과 여성은 등식이 성립하지 않는다고 말하며, 뫼비우스와 아리스토텔레스로부터 물려받은 정신으로, 여성은 무능하다고 진술한 것을 보았습니다.

그에 대해 한 가지만 주장하겠습니다. 여러분은 원치 않을지 몰라도, 아니면 행여나 여성이 무능하다고 생각한다면, 인구의 절반인 무능한 사람들과 함께 투표하십시오. 저를 비롯한 모든 여성들은 인구의 절반인 남성 여러분들과 함께 투표를 하고 싶습니다. 왜냐하면 어느 한쪽의 성도 예외 없이 우리 모두는 남성과 여성의 아들딸이고, 양성 모두에게서 공평하게 우리의 존재를 물려받았으니까요. 이건 생물학자들이 전개시킨 이론이지 않습니까. 우리 모두는 남성과 여성으로부터 얻어진 결실이고, 그렇기 때문에 여러분과 저 그리고 저와 여러분이라는 등식이 성립될 수 없다는 말은 터무니없는 주장입니다.

그 사실을 무시한다면, 이는 명백한 현실을 부정하는 것입니다. 부정하고 싶다면 부정하세요. 누군가 그러한 현실을 부정한다면, 그 사실에서 자유로워질 순 있겠지만, 이런 단어를 쓰게 되어 유감스럽습니다만, 그건 오직 당신들이 빼앗아간 권리에 의해서만 가능한 것입니다. 물론 여러분의 확실한 이해를 돕기 위해서 쓴 말이지 시비를 걸려는 의도는 없습니다. 그리고 이는 여러분 스스로가 법을 만들었기 때문일 뿐이지, 여성을 사각지대로 밀어낼 수 있는 자연권을 소유하고 있어서가 아닙니다.

존경하는 의원님들, 저는 여성이기 이전에 이 나라의 국민으로서 여성을, 여러분을 믿고 신뢰하는 우리 여성들을 권리의 바깥으로 밀어내는 것은 심각한 정치적 과실이 될 것이라 생각합니다. 프랑스혁명에서 커다란 새로운 힘이 생겨났듯이, 여성들 역시 국민을 위한 권리를 누리면서 자신의 길을 가도록 지지해주면 이는 분명 새로운 힘이 될 것입니다.

보수적인 여성이 독재 정권 시절이 더 나았다고 생각하도록 만들지 말아주십시오. 진보적인 여성이 평등은 공산주의에서나 가능하다고 생각하도록 만들지 말아주십시오. 존경하는 의원님들, 매우 심각한 결과를 초래할지도 모를 정치적 과실을 부디 범하지 말아주십시오. 해방의 순간을 바라는 세력을 끌어안고 응원해줌으로써 국가를 구하길, 국가를 도와주시길 바랍니다.

인간은 누구나 경험을 바탕으로 말하기 마련입니다. 저 역시 여러분께 제가 겪었던 경험을 말씀드리겠습니다. 저는 마드리드 지역의 국회의원입니다. 저는 이 지역을 의무가 아닌 애정을 가지고 돌아다니며 살피고 있습니다. 그런데 자주, 아니 거의 항상, 공개 행사에 남성보다 훨씬 더 나은 여성 관객들이 참여하는 것을 보았습니다. 그 여성들의 눈에서 해방에 대한 희망을 엿보았으며, 국가를 돕고자 하는 소망을 보았고, 자신들의 이상에 열정과 감정을 쏟아 붓는 것을 보았습니다. 스페인 여성은 오늘날 국가로부터 자신의 해방과 자녀의 해방을 기대합니다. 새롭고 젊은 힘을 대표하는 여성을, 철창에 갇힌 남성들에게 공감하고 그들을 지지했던 여성을, 여러분이 그랬듯이 수많은 고통을 겪어야 했던 여성을, 그리고 자유를 행사할 수 있을 만큼 성장하고 또 그 길을 모두와 공유할 수 있는 유일한 방법은 자신의 내면을 살펴보는 것이라는 훔볼트의 글귀를 되새기며 간절히 바라고 있는 여성을 국가의 사각지대로 밀어내게 된다면, 여기에 계신 여러분은 나중에 후회할 충분한 시간마저 갖지 못할 것입니다. 그러므로 부디 그런 역사적인 과오를 범하지 말아주십시오.

존경하는 의원님들, 저는 이제 이번 토론에서 저에게 주어진 최종 발언 기회를 모두 마쳤습니다. 혹시 여러분을 불편하게 했다면 부디 양해해주시길 부탁드립니다만, 저는 죽는 날까지 저 스스로 지켜나갈, 그리고 어제도 말씀드렸듯이, 브레노가 자신의 긴 칼을 놓았던 것처럼[33] 저울이 여성 투표에 찬성 쪽으로 기울 수 있도록 저의 머리와 심장을 올려놓을 것이라는 신념을 말씀드립니다. 그리고 이를 위해, 자만이 아닌 강력한 확신을 바탕으로 말씀드립니다. 지금 이 순간, 저보다 더 스페인 국가를 위해 몸 바칠 사람은 없을 것입니다.

제2공화국 시대의 보통선거

클라라 캄포아모르가 홀로 앞장서서 이루어낸 승리였지만, 여성참정권에 대한 논쟁과 표결이 진행되는 과정에서 신세대, 지식인 그리고 여성참정권론자들로 이루어진 여러 작은 조직들이 그를 지원하고 지지했습니다. 많은 수는 아니었지만, 아주 열성적인 이들이었습니다.

> 스페인 여성들이여, 스페인을 정복합시다! 싸움을 두려워하지 말고, 스스로 진정한 페미니스트라고 선언하면서 얼굴을 붉히지 마세요. 여러분은 자연의 법칙에 따라 그럴 의무가 있습니다. 페미니스트가 아닌 여성은 군주주의자가 아닌 왕 만큼이나 부조리한 것입니다.

마리아 레하라가

클라라 캄포아모르는 결과가 어떻든 간에 본인의 생각과 일치하는 삶을 살았던 여성이었습니다. 법률아카데미에서 그에게 알폰소12세대십자훈장을 수여한다고 했을 때 그랬듯이, 프리모 데 리베라 장군이 독재 정권의 의회에 대하여 그와 대화를 하고자 했을 때에도 그는 이를 거절했습니다. 몇 년 후, 정부가 그를 복지부 장관으로 임명했지만, 출장을 떠났던 아스투리아스에서 벌어진 혁명이 자신이 대표하던 정부의 명령으로 잔인하게 진압된 광경을 목격한 후 1934년에 장관 자리에서 물러나 소속 당을 탈당했습니다.

클라라 캄포아모르, 빅토리아 켄트는 1933년에 국회 의사당으로 다시 돌아가지 못했습니다. 반면 마르가리타 넬켄은 당선증을 갱신했으며, 그 곁 의석에는 작가 마리아 레하라가, 신문 기자 마틸데 데 라 토레Matilde de la Torre, 교사 베네란다 가르시아 블랑코Veneranda García Blanco 그리고 변호사 프란시스카 보이가스Francisca Bohigas가 앉아 있었습니다.

마틸데 데 라 토레

마르가리타 넬켄

프란시스카 보이가스

1936년 선거 이후, 마르가리타 넬켄과 마틸데 데 라 토레는 다시 당선되었습니다. 빅토리아 켄트도 의회로 돌아왔으며, 사회주의적 성향을 지닌 교사 훌리아 알바레스 레사노Julia Álvarez Resano와 파시오나리아 Pasionaria로 불린 공산주의 지도자 돌로레스 이바루리Dolores Ibárruri 가 정치인으로서 첫 발걸음을 내딛었습니다. 돌로레스 이바루리는 1937년 입법 의회의 부의장을 맡기도 했습니다. 또한 바스크의 국회 의사당에는 공화국 기간 동안 빅토리아 우리베 라사Victoria Uribe Lasa라는 국회의원이 있었습니다. 그가 소속되어 있던 바스크국민당은 1933년까지 여성의 입당조차 허가되지 않았던 정당이었습니다. 이로써 제2공화국 제3대 국회에는 총 아홉 명의 여성이 의원으로 참여했습니다.[34]

　수많은 어려움에도 불구하고, 여성참정권론자들의 주장은 스페인 공화국에서 승리를 거두었습니다. 투표와 이혼법은 여성들이 달성한 성취였습니다. 그러나 이는 공화주의 정권과 마찬가지로 아주 짧은 기간 동안만 유지되었습니다. 1939년 4월 1일 프랑코 세력의 승리와 함께 찾아온 독재는 여성들이 이루어놓았던 모든 것을 망가뜨렸습니다. 1931년에 쟁취한 투표권이 원래 의미했던 출발점으로 돌아가는 데까지, 여성들은 40년이라는 길고도 고통스러운 시간을 버텨야만 했습니다.

내전과 망명

내전 종료와 함께 프랑코 체제가 들어섰습니다. 그리고 망명과 탄압의 시기가 도래했습니다. 수천 명의 여성들이 전쟁 중 그리고 전쟁 후 박해를 당하고 목숨을 잃고 스페인을 떠났습니다. 우리의 여성들은 망명을 떠났습니다. 익명의 투사들과 함께. 로사 차셀, 클라라 캄포아모르, 엘레나 포르툰, 돌로레스 이바루리, 빅토리아 켄트, 마리아 레하라가, 마리아 테레사 레온, 마리아 데 마에스투, 페데리카 몬세니, 마르가리타 넬켄 그리고 마리아 삼브라노와 같은 유명한 저항자들까지…. 망명을 떠난 모든 이들의 가방에는 투지, 희망 그리고 고난이 함께 담겨 있었습니다. 그들이 떠나면서 공화국 여성들의 자유를 향해 열렸던 모든 길은 다시 굳게 닫혀버렸습니다. 스페인에 남은 여성들은 노동을 계속할 수 없었을 뿐만 아니라 가혹한 탄압을 받으며 침묵을 강요당했습니다.

여성들은 그 어떤 것도 밝혀낼 수 없습니다. 두말할 것 없이 창조주께서 남성들의 지성에는 숨겨둔 창조적인 기질이 그들에게는 부족합니다. 우리 여성들은 남성들이 이룬 일들을 더 좋게 혹은 더 나쁘게 해석할 수 있는 것 외에는 아무것도 할 줄 모릅니다.

반동적인 변화는 급속도로 이루어졌습니다. 독재 정부는 여성들이 부단한 노력으로 대가를 치르며 달성한 모든 법률과 권리를 산산조각 내버렸습니다. 여성들에게 이는 곧 시민으로서의 사망 선고와도 같은 것이었습니다 여성들은 다시금 가정의 천사가 될 것을 강요받았습니다. 안토니오 마우라Antonio Maura의 손녀 중 한 명인 마리추 데 라 모라Marichu de la Mora는 이를 확실히 보여주었습니다.

"우리의 여성적인 정신에서 한 가지는 분명하다. 요컨대 가정주부라는 수많은 스페인 여성들의 꿈을 실현시켜 주는 국가가 있다는 것이다. 마침내!"

스페인 국민 여러분,
프랑코 총독이 사망했습니다.

국제 여성의 해

"스페인 국민 여러분, 프랑코 총독이 사망했습니다." 아리아스 나바로Arias Navarro 대통령이
발표했습니다. 그로부터 16일 후, 스페인 여성들은 첫 번째 여성해방회의 집회를 거행했습니다. 이 행사를 조직하는 데에는 16일밖에 필요하지 않았습니다! 1975년 12월 6~8일에 전
국 각지에서 500여 명의 여성들이 비밀리에 마드리드로 몰려들었습니다. 스페인에 페미니
즘 운동이 싹트고 있었습니다. 한시가 급했고 할 일이 많았습니다.

16 DÍAS DESPUES

16일 후

40년에 이르는 프랑코 체제가 끝장나면서 등장한 페미니즘 운
동은 선풍을 일으켰습니다. 모두가 필요로 했던 모든 일들이 동시
에 진행되었습니다. 삶을 바꿀 수 있다는 희망이 보이자 여성들
은 지역 모임, 자기 계발 모임, 사내 모임, 대학 모임, 가정주부 모
임 등 크고 작은 모임을 결성하기 위해 단결했습니다. 하루 빨리
프랑코 독재 체제가 강요했던 여성 모델을 타파해야 했습니다.

여성 해방을 위한 스페인 여성들의 이러한 움직임은 스페인
에서 처음으로 넓은 의미에서의 해방운동, 단결된 운동 그리고
정당들로부터 독립적인 운동을 계획해야 할 필요성을 분명하고
뚜렷하게 드러냈다는 점에서 역사상 매우 특별한 의미를 지닙
니다.

여성이여,
당신의 해방을 위해
투쟁합시다.

간통
성매매
낙태 합법화

"여성이여, 당신의 해방을 위해 투쟁합시다"라는 표어와 함께 1976년 1월 15일 첫 번째 시위 운동이 조직되었습니다.

마침내, 거리는 여성들로 가득했습니다. 비록 경찰의 진압으로 끝나긴 했지만 말입니다.

페미니스트들은 자유로운 섹슈얼리티, 간통죄 처벌 반대, 피임약 합법화, 어린이 시설 설립, 성 교육 제도, 이혼권, 유급노동 그리고 특별범죄(간통, 낙태, 성매매)라는 명목으로 감옥에 갇힌 350명이 넘는 여성들의 사면을 위해 투쟁을 시작했습니다. 이혼과 낙태에 대한 대체 법안 초안이 작성되었습니다. 페미니스트들은 적극적인 홍보 활동, 의식 확립과 함께 (당시에는 불법이었던) 피임약을 제공하는 여성 기관을 설립했습니다.

과도기

1977년, 스페인에서 처음으로 모든 여성이 거리에 모여 3월 8일 '세계 여성의 날'을 기념합니다. 1978년에는 운동을 조직하기 위해 이전에 여성부가 있었던 장소에 터를 잡았던 페미니스트 기관들이 합법 단체로 인정받습니다. 그리고 1937년에 프랑코가 창설한 여성사회복지부가 폐지됩니다. 이 모든 일들이 이전 정부에서는 경험해본 적 없는 것이었습니다. 모든 일들이 그렇게 진행되었습니다. 어떠한 이론적인 배경에 근거를 둔 것이 아니었습니다. 유럽과 북미에서 출판된 페미니즘에 관한 텍스트가 스페인에 들어온 것은 1975년 이후였습니다. 페미니스트들은 스페인의 현실에 맞는 이론을 만들어야 했고, 긴 법률 목록을 폐지하고 새로운 법률을 제안해야 했습니다. 또한 거리에서 목소리를 높이고, 복지의 길을 열고, 스스로 운동을 조직하고, 개인을 변화시키고 개선시켜야 했으며, 여성 문제에 대한 대중들의 의식을 깨우고 넓히고⋯. 그야말로 진정한 의미에서의 혁명을 이뤄내야 했습니다.

후스타 몬테로Justa Montero는 직간접적인 장애물들을 넘어야 하는 페미니즘은 대대적인 규모의 사회적 변화의 주역이 되는 것 외에도 기준이 될 만한 새로운 틀을 만들어야 한다고 설명했습니다. "'우리'라는 것이 만들어져가고 있습니다. 그에 대한 확실한 예를 들자면 긍정적이고 도전적인 '나'에 대한 반복적인 호소가 보인다는 점입니다: '나도 간통했다', '나도 낙태했다', '나도 피임약을 먹었다', '나도 레즈비언이다'. 이렇게 모든 일을 문제 삼음으로써 운동을 더욱 공고하게 만드는 것입니다."

당시의 페미니즘은 본보기로 삼을 만한 구체적인 서사와 자료 없이 이 모든 것을 이뤄낸 운동이었습니다. 아멜리아 발카르셀은 스페인 현대 페미니즘이 1970년대의 아주 심각한 건망증 틈새에서 생겨나기 시작했다고 말합니다.

과거는 존재하지 않았습니다. 프랑코 체제가 망가뜨렸기 때문입니다. 콘셉시온 아레날의 후계자들은, 사실은 자신들이 누구의 후계자인지도 모른 채 대학교 강의실을 가득 채우기 시작했습니다.

스페인 페미니스트 운동의 초창기는 잊을 수 없는 기억을 간직하고 있습니다. 당시 수백 개의 조직이 창설되었는데, 각 조직은 그들만의 역사, 그들만의 승리, 그들만의 일화가 있었고, 모든 활동가는 자신이 이루어낸 일에 대해 자부심을 가지고 있었습니다. 그러나 그들은 공식 역사가 정의를 실현하지 않는다는 인식 역시 가지고 있었습니다. 스페인의 과도기는 여성의 정치 활동을 모르면 이해할 수 없는데, 당국의 공식 서사에서는 마치 그런 사실이 없었다는 듯이 삭제되어 있습니다.

　로사 카보는 "억압받는 모든 집단은 역사와 기억을 빼앗겼다"고 말했습니다. 과거가 없는 집단은 정당성을 인정받지 못하기 때문에, 정치적 발언을 할 자격이 없습니다. 이것이 최근 몇 년 간 스페인 페미니즘의 역사를 글로 남기기 위해 끊임없는 연구가 진행되고 있는 근본적인 이유입니다.

1978년 헌법

1978년, 여성들의 움직임은 헌법을 거부하는 데에 초점이 맞춰졌습니다. 헌법이 작성될 때 여성은 한 명도 참여할 수 없었고, 또 다른 클라라 캄포아모르들과 이야기해보려는 최소한의 민주 의식도 없었던, 오직 아버지만 존재하는 헌법이었기 때문입니다. 그래서 페미니스트들은 이 법전을 "남성 우월적이고 가부장적"이라고 평가했습니다.

마드리드페미니스트플랫폼La Plataforma de Organizaciones feministas de Madrid은 1978년에 헌법 본문에 결함이 있다는 사실이 정확히 기재된 예사롭지 않은 문서를 발표했습니다. 민주적인 법을 바란다면, 불평등한 상황에서는 평등한 대우도 불가능하다는 법의 기본 원칙을 유념해야 한다는 내용이었습니다.

"그렇지만 미래에 만들어질 헌법으로 판단해보건대, 1978년 헌법의 저자들은 남성과 여성이 불평등하다는 사실을 완전히 잊은 듯하다. 그리고는 모든 스페인 국민은 평등하다고 거짓으로 선포함으로써 불평등을 끝낼 구체적인 대안을 마련해야 할 필요성을 슬쩍 피해갔다.
또한, 여성은 생식 능력을 갖추고 있기 때문에 여성 시민을 위한 구체적인 권리를 모색해야 하는 특수한 상황이 존재한다. 그러나 현재의 헌법은 이러한 현실에 대해 고려하지도 않을 뿐더러 이에 대한 권리를 보장하려고 하지도 않는다."

"헌법 본문은 시민으로서 우리 여성이 갖는 지위가 '2등'에 머문 채 영속 유지되도록 작성되었으며 여성이 사회에 남성과 동등하게 참여하기 위해 필요하고 불가결한 요점들을 누락시켰다. 마지막으로, 법 앞에 성별을 이유로 한 차별을 금지한 원칙(제14항)을 헌법 스스로 파괴시켰다는 점을 덧붙인다. 현재의 헌법 그 자체가 아주 명백한 차별과 암묵적인 수많은 차별을 내포하고 있기 때문이다."

마드리드페미니스트플랫폼 회원들은 또한 "공권력은 가정을 사회적·경제적·법적으로 보호할 의무가 있다"라고 명시된 헌법 제1조 제39항에도 동의하지 않았습니다. 여성 억압의 근본적인 원인은 가정에서 아내와 어머니라는 역할을 강제로 부여하는 데에 있다는 점을 고려할 때, 이 법 조항은 여성해방에 위해를 가할 위험성이 있는 것으로 보인다고 그들은 설명했습니다. 이와 비슷한 상황은 유급노동에 관한 조항에서도 나타납니다. 헌법 본문은 이 문제에 관해 남성과 여성 사이의 격차가 심각하게 벌어져 있었다는—그리고 그 격차가 여전히 좁혀지지 않았다는—사실을 감췄습니다. 또한 낙태할 권리는 당시 헌법에서는 전혀 고려되지 않았습니다. 이는 이후에도 법으로 규정하기 쉽지 않은 문제였습니다.

그들은 "그 어떤 종교도 국가적 성격을 띠지 않는다. 공권력은 스페인 사회의 종교적 신념을 유념할 것이며, 가톨릭교회를 비롯한 다른 신앙과 필연적 협력 관계를 유지해나갈 것이다" 라고 명시된 헌법 제16항을 포함하여 교육 부문 역시 전혀 변하지 않았다고 강조했습니다. 마드리드페미니스트플랫폼은 다음과 같은 대체 조항을 제안했습니다. "정부는 국가 교육만 지원할 것이며, 이는 독립적이고 복합적이며 무상으로 그리고 의무적인 형태로 이루어질 것이다. 이와 같은 목적을 달성하기 위해, 정부는 모든 교육 과정에 실질적인 남녀 공학 제도를 도입하고 이러한 원칙을 지키지 않은 기관에 대해서는 징계를 내리는 조치를 통해 성별을 이유로 한 어떠한 차별이나 불이익이 발생하지 않도록 보장한다." 이에 대한 논쟁은 40년이 지난 지금도 여전히 제자리에 머물러 있습니다.

마드리드페미니스트플랫폼은 정부 고위 관료 임명에 있어서 여성보다 남성을 우선시했던 조항을 거부했으며, 언론 통제와 열악한 사회보장제도 역시 받아들이지 않았습니다.

왜냐하면 그들이 보기에 사회보장을 위해 고안됐다는 이 제도는 집 밖에서 일하지 않는 여성들도 의무적으로 포함시키지만, 정작 그 혜택은 그들의 남편들이 받기 때문입니다. 그러므로 성인이 된 모든 시민들이 최소한의 보험료를 내고 동일한 혜택을 받을 수 있도록 단일 사회보장제도의 보호를 받는 것이 공정하다고 주장했습니다.

페미니스트들은 또한 언론에 대해 "여성을 조롱하면서 동시에 독자들로부터 성적으로 이목을 끌기 위해 끈질기게 중상모략을 이용하고 일삼는 역할"을 해왔다고 지적하며, 언론의 성차별주의를 전면 금지시킬 것을 주장했습니다.

마드리드페미니스트플
랫폼은 다음과 같은 말로 결
론을 맺었습니다.

"이것이 과연 화합과 합의를 위한
헌법인지 확신할 수 없다. 그리고 이것이 모든 스
페인 국민을 위한 헌법인지도 확신할 수 없다. 분명한
사실은 스페인 여성들을 위한 헌법은 아니라는 점이다.
… 이 헌법은 우리에게 인내심을 가지고 기다리라고 말한
다. 우리에게 가장 중요한 것은 민주주의를 더욱 공고히 다
지는 것이므로, 민주주의가 완전히 굳어진 뒤에는 모두를 위한 시기가 다가올 것이라고 믿
으라고 말한다. 우리가 희망으로 버텨왔던 수천 년이라는 시간 동안, 항상 여성의 상황을 바
꾸는 일보다 훨씬 더 중요한 일들이 있었다. 그러나 우리는 이제 원하는 바를 이뤄내는 방법
은 인내심이 아니라 집단적인 압박과 행동에 기초한다는 사실을 배웠다. 그러므로 우리는
지금부터 현재 스페인 여성이 주장하는 가장 시급한 요구 사항을 해결하기 위한 행동을 시
작할 것이다. 여기에는 헌법에서 허용하는 것뿐만 아니라 허용하지 않는 것도 포함될 것이
다. 헌법은 이미 완성되었다. 우리는 거기에 참여할 수 없었다. 헌법을 수정할 수 있는 기회
도 없다. 우리가 할 수 있는 유일한 일은 우리의 항거가 기록으로 남겨질 수 있도록 최선을
다해 노력하는 것이다."

1980년대

"개방과 자유화"라고 불리던 이전 시기가 지난 후, 페미니스트들은 가부장제 속 남성과 여성의 권력관계를 분석하기 시작했습니다. 남성의 권력을 근절시키려면 먼저 여성은 자신의 몸을 되찾아야 했습니다. 1980년대에 빈번히 등장한 "우리의 출산은 우리가 결정한다"는 구호는 의사, 판사, 정치인, 아버지, 남편 또는 남성 동료가 아니라 여성 스스로가 결정할 권리에 대한 진보적인 노선을 표출한 것입니다. 자율적으로 무상 낙태를 할 권리는 그 당시 운동의 중심에 있었습니다. 가족과 이성애 커플을 기준으로 만들어진 규범에 의해 제한되고, 여성의 신체는 오로지 출산 목적으로만 취급되면서 마치 존재하지 않는 것으로 받아들여지던 억압당했던 여성의 섹슈얼리티를 해방시켜야 했습니다. 마침내 1983년 6월에 마드리드에서 제1회 섹슈얼리티회의가 열렸습니다.

우리의 출산은 우리가 결정한다

주체적인 섹슈얼리티를 지지하는 캠페인은 스페인 페미니즘의 중심 주제가 되었을 뿐만 아니라 당시 스페인 사회에서 가장 이목이 집중되는 움직임이었습니다. 여전히 효력을 지닌 모든 법에 맞서면서, 페미니스트들은 1970년대에 초기 가족계획 센터들을 개설했고 1985년에는 회의 진행 도중 페미니스트 운동에 참여하는 여성 의사들이 낙태 수술을 재현했던, 가장 대담한 행동을 하기에 이르렀습니다. 그들은 수술 도구를 들고 언론 앞에 나서서 스스로 인정했습니다. "우리가 그랬습니다." 그들은 뜻을 굽히지 않았습니다. 그들의 행위는 여성의 섹슈얼리티가 존재하지 않는다고 여겨지고, 여성의 신체는 완전히 사물화되고, 피임약이 없는 국가에서 원치 않은 임신이 일상적인 현실이 되고, 수많은 금기사항이 여성의 하루하루에 숨어 있는 너무나도 비극적인 현실을 깨부수기 위해 과감하게 능동적으로 스스로 선택한 것이었습니다.

모성은 내가 결정한다!

내 자궁에 신경 꺼라

카를로타 부스텔로

여성연구소

1980년대는 스페인에서 제도적 페미니즘이 시작된 시기로 기록되고 있습니다. 스페인 여성연구소는 1983년에 창설되었으며 양성평등부는 2008년에 조직되었습니다. 현재는 두 기관이 모두 폐쇄되었는데, 양성평등부는 입법 기간보다도 짧은 시간 동안 유지되었습니다. 2010년 10월 20일, 양성평등부를 만들었던 사회노동당 정부는 기관을 국가사무처로 전환시켰습니다. 여성연구소는 2014년에 라호이Rajoy 정부가 양성 평등 기관으로서의 특수성을 제거하고 "여성및기회평등연구소"로 명칭을 바꿔버렸습니다.

셀리아 아모로스　　아멜리아 발카르셀

메리 내시

아카데미 페미니즘

동시대에 나타난 또 다른 현상으로 아카데미 페미니즘을 꼽을 수 있습니다. 대학에서 이와 관련된 연구 부서를 창설하고 연구비를 지원하는 것 역시 쉬운 일은 아니었습니다. 메리 내시가 바르셀로나대학교에서 처음으로 페미니즘의 역사에 대한 강의를 시작했던 1974년에 선구적인 세대가 출현했습니다. 학문적 연구에 전념한 초기의 세미나와 센터는 얼마 후 성과를 내보였습니다. 첫 번째로 1979년 마드리드자치대학교에 마리아 앙헬레스 두란María Ángeles Durán이 이끄는 센터가 설립되었습니다. 1982년에는 메리 내시가 바르셀로나대학교에 여성역사연구소를 설립했으며, 마드리드에서는 콤플루텐세대학교가 1988~1989년도 학기에 셀리아 아모로스가 운영하는 페미니스트연구소를 허가하였습니다. 그 다음 학기부터 연구소는 〈페미니즘 이론사〉 과목을 강의하였습니다. 스페인 대부분의 대학교는 젠더와 관련된 연구소나 기관 또는 특정 조직이 존재하지만, 젠더 연구는 여전히 대학의 공식적인 지식 영역에서 인정받지 못하고 있습니다.

로마니 페미니즘[35]

로마니 페미니즘 운동은 그라나다에 스페인 최초의 집시 여성 협회인 로미Romí협회가 창설된 1990년대에 조직되기 시작했습니다. 집시 여성들의 반란과 투쟁의 600년을 통칭하는 저항적 페미니즘은 그 당시 여성들의 목소리를 반영한 행동 노선의 운동으로 나타났습니다.

에밀리아 라우라 아리아스Emilia Laura Arias는 현재 스페인에는 20여 개가 넘는 집시 여성 조직과 협회가 있으며, 유럽 전역에 투쟁을 위한 공동 전략을 세우면서 네트워크를 형성하여 활동하는 조직이 약 300개 존재한다고 밝혔습니다.

"여성"이 존재하지 않는다면, "집시 여성" 또한 존재하지 못합니다. "여성"은 모두가 특별하고 모두가 평등합니다. 전 세계의 30억 명이 넘는 여성 인구가 단 하나의 모델을 따르기를 바라는 것이 가부장제의 유산이라면, 가부장제와 함께 인종차별주의의 결실이기도 한 "집시 여성"이라는 개념은 더욱 뿌리 깊은 고정관념입니다.

집시 여성들은—복수형으로 말하자면—교사들이고, 노동자들이며, 중재인들이고, 학자들이며, 상인들이자, 댄서들입니다. 또한 이성애자들, 레즈비언들, 트랜스젠더들, 어머니들일 수도 아닐 수도 있습니다. 전도자들도 있으며 가톨릭 신자도 있고 불가지론자들이거나 무신론자들도 있는…. 다시 말하자면, 아르테미사Artemisa연맹 회장인 카를라 산티아고Carla Santiago가 말했듯이 노동시장에 접근조차 버거울 만큼 지독한 어려움을 겪고 있으며 서로 다른 문화횡단성*의 공격을 견뎌내는 집시 여성들은, 여성이자 집시이면서 극도로 정형화된 이미지의 대상이라는 삼중의 차별과 싸우는 수많은 "여성들"인 것입니다.

---

* 문화횡단성transculturalidad은 다른 문화권의 민족이나 사회 집단을 어느 정도 완성된 형태로 수용하여 자신의 문화를 대체하는 것을 뜻합니다.

스페인의 페미니즘은 현재 많은 부분에서 성공적이라고 이야기할 수 있겠지만, 그중에서도 가장 두드러지는 점은 넓은 의미로 페미니즘이 확산되고 있다는 것입니다. 그것은 스스로가 페미니스트라는 사실을 깨닫지 못한 채—각자의 직장에서, 가정에서, 공적인 일에 참여한다거나 우정 또는 연인 관계에서—자신의 독립성을 스스로 확인하고, 자유의 공간을 확보하도록 매일 연습하는 여성들이 보여준 페미니즘입니다. 자신의 권리를 정확히 인식하고 권리를 포기하지 않고 행사하고 싶어 하는 여성들.

페미니즘의 요구는 자유롭게 살고 싶은 여성들 사이에 깊숙이 스며들었습니다.

2000년 코르도바페미니스트회의 성명서에 나왔듯이, 더 인간적인 미래를 꿈꾸게 해줄 창의적인 소셜네트워크를 만들기 위해 나날이 더 많은 여성들이 단결하고 있습니다. 이제 4세대 페미니스트들이 활발히 활동하고 있으며, 이들은 인간의 활동이 이루어지는 모든 영역에 존재합니다. 가부장제가 강요한 여성의 침묵은 깨지고 있습니다. 단단히 연대한 여성들이 목소리를 높일 때 가부장제는 흔들립니다.

페미니즘이 성장할수록 더 정의롭고, 더 인도적이며, 더 나은 세상이 만들어집니다.

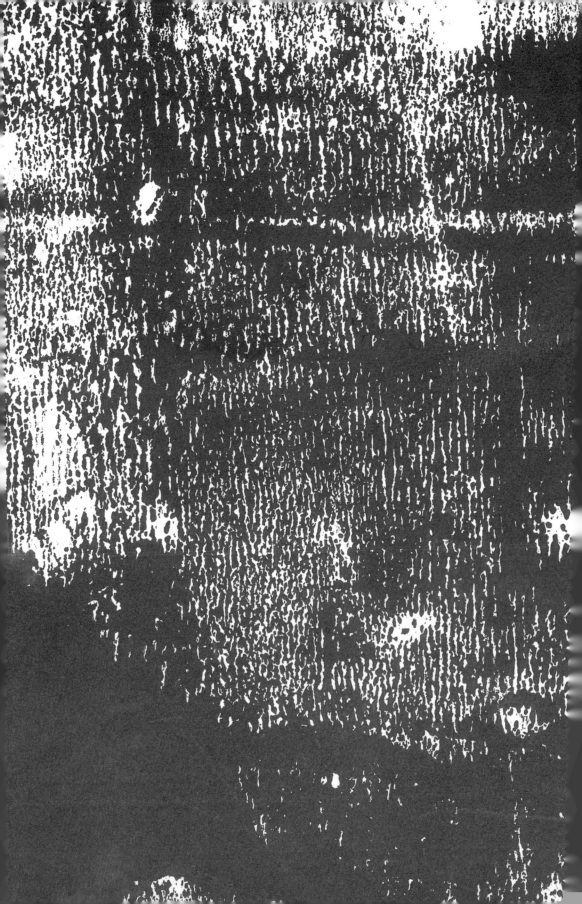

옮긴이 주

1 흔히 "여성혐오"라고 번역하는 '미소지니'(영어로는 misogyny, 스페인어로는 misoginia)는 그리스어 $\mu\iota\sigma o\gamma v\nu i\alpha$ 에 어원을 둡니다. 이는 혐오를 뜻하는 미소$\mu\iota\sigma o$와 여성을 뜻하는 쥔$\gamma v\nu$ 그리고 특징이나 성질을 나타내는 접미사 이아$i\alpha$로 이루어져 있습니다. 이는 여성을 증오하고 미워하는 의미의 혐오만을 뜻하는 것이 아니라 남성 지배 사회에서 여성을 배제하고 차별하는 모든 의식이나 방법 등을 나타내는 의미에서 해석되어야 하기 때문에 이 책에서는 고유명사 '미소지니'로 표기했습니다.

2 저자는 크리스틴 드 피잔이 프랑스 파리의 파씨Passy 지구에 있는 한 수도원에서 사망했다고 썼지만,《여인들의 도시》를 스페인어로 번역한 마리-조제 르마르샹Marie-José Lemarchand 등 여러 학자들은 그가 당시 백년전쟁 중 브르고뉴파 군내가 파리를 점령하자 이를 피해 딸이 머물던 파리 근교의 푸아시Poissy에 있는 수도원으로 피난해 그곳에서 여생을 보낸 것으로 추정합니다.

3 서구의 페미니즘은 시기상 제1의 물결(18~19세기), 제2의 물결(19세기 후반~1930년대), 제3의 물결(20세기 후반~21세기 초반)로 나뉩니다.

4 당시에는 법적으로 결혼하지 않은 상태에서 여성이 임신 또는 출산을 할 경우 군주법에 의해 판사 앞에서 혼인 여부를 고백해야 했습니다. 그로 인해 여성은 사랑과 사회생활에 실패한 아픈 기억을 공개적으로 밝혀야 했습니다. 크리스틴 포레는 이 문장을 통해 올랭프 드 구즈가 그러한 여성들에게 목소리를 부여하고 옹호하고 있다고 설명했습니다. Christine Fauré, *Enciclopedia histórica y política de las mujeres: Europa y América*, Madrid: Ediciones Akal Sa, p. 201, 2010.

5 셀리아 아모로스는 '불평 건의'를 다음과 같이 설명했습니다. "가부장제의 역사에서 재현되는 오래된 장르. 여성들은 주기적으로 몇몇 남성들이 미소지니적 문학에서 언어를 통해 여성들을 모욕하거나 그들을 신체적으로 학대하면서 보이는 권력 남용에 대한 자신들의 불만을 표명한다." 즉, 이는 가부장제에서 끊임없이 반복해서 발생하는 언어적, 정신적, 신체적 폭력을 뜻합니다. 셀리아 아모로스에 따르면 불평queja과 옹호vindicación는 함께 쓰일 수 없는 단어입니다. 불평은 여성을 대상으로 가해지는 과도한 신체적이고 정신적인 폭력으로 발생하는 불쾌한 감정을 나타내는 반면, 권리의 옹호는 다양한 차원에서 발생하는 여성에 대한 남성 지배시스템의 실추를 의미하기 때문입니다. 그러므로 셀리아 아모로스는 페미니즘 담론에 불평이라는 단어보다 옹호라는 단어를 쓸 것을 제안합니다. Rosa Cobo Bedia, "El género en las ciencias sociales", *Cuadernos de Trabajo Social*, Vol. 18, pp. 249-258, 2005.

6 콩도르세(Marie-Jean-Antoine Nicolas de Caritat 또는 Nicolas de Condorcet, 1743~1794)는 18세기 프랑스의 사상가, 수학자, 정치가입니다. 그가 쓴 저서로는 《적분학*Du calcul intégral*》(1765),《권리 선언*Déclaration des droits*》(1789), 사후에 출판된 《인간 정신의 발달에 대한 역사적 개관 초고*Esquisse d'un tableau historique des progrès de l'esprit humain*》(1795) 등이 있습니다.

7 아멜리아 발카르셀이 말하는 "낭만적인 미소지니 기념비"란 하나의 지시 대상을 루소 식으로 개념화하고 나머지는 배제하는 방향으로 세상을 나누어 이분법적으로 생각하는 방식을 의미합니다. 아멜리아 발카르셀은 철학이 종교로부터 이러한 방식, 즉 이미 존재하는 세상을 더욱 공고하게 만드는 방법을 물려받았다

고 설명합니다. Amelia Valcárcel, "La memoria colectiva y los retos del feminismo", *Unidad Mujer y Desarrollo de la CEPAL*, Santiago de Chile, pp. 1-34, 2001.

8 통상적으로는 "중앙위원회 여성위원"으로 알려져 있지만, 원서에는 "Comisaria del Pueblo para la Asistencia Pública"로 표기되어 있으며, 이는 한국어로 "공공 지원을 위한 국민위원"으로 번역할 수 있습니다.

9 차리즘Tsarism 지지자들. 차리즘은 황제인 차르를 중심으로 하는 제정 러시아 시대의 전제군주제입니다. 이 정치체제는 이반 4세의 통치가 시작된 1547년에 시작되어 1917년 러시아혁명으로 붕괴했습니다.

10 전간기戰間期는 제1차 세계대전이 종전된 이후부터 제2차 세계대전이 발발할 때까지의 기간으로, 통상적으로 1918~1939년을 일컫습니다.

11 시몬 드 보부아르가 명명하고 후에 베티 프리단이 발전시킨 "헤테로-지정Hétéro-désignation"은 남성과 여성의 생물학적 차이에 의해 생기는 것이 아닌, 가부장제 내에서 여성에게 기대하고 부여하는 사회적인 역할 혹은 정체성을 나타내는 표현입니다. 예를 들면 '어머니', '아내' 등이 있습니다.

12 소로리티(sorority. 스페인어로는 sororidad)는 라틴어 자매soror에서 파생된 말로, 여성들 사이의 연대감을 말하기 위해 만든 용어입니다.

13 케이트 밀릿은 프로이트 외에도 그의 책 제3장 〈문학적 고찰〉에서 D. H. 로렌스, 헨리 밀러, 노먼 메일러, 장 주네 등 남성 작가들의 작품을 다뤘습니다.

14 이 책의 원제는 *Backlash: The Undeclared War Against American Women*(1991)이며, 한국에서는 《백래시: 누가 페미니즘을 두려워하는가》(2017)라는 제목으로 출간됐습니다.

15 스페인어의 명사와 형용사에는 일반적으로 –a, -ra로 끝나는 여성형과 -o, -r로 끝나는 남성형이 존재하는데, 사전에서는 남성형이 기본형으로 표기되고 그 뒤에 여성형이 표기됩니다. 따라서 저자는 알파벳 순서상 a가 o보다 앞에 있기 때문에 같은 단어에서 –a로 끝나는 여성형이 앞에 놓이고 그 뒤에 –o로 끝나는 남성형이 뒤따라야 하는데, 그런 순서와 관계없이 언제나 남성형이 앞에 오고 그 뒤에 여성형이 표기되는 점을 비판적으로 지적한 것입니다.

16 프랑스의 철학자 폴 리쾨르Paul Ricoeur는 카를 마르크스, 프리드리히 니체, 지그문트 프로이트를 가리켜 "의심의 철학자들" 또는 "의심의 학파"라고 지칭하였습니다.

17 원서에서 쓰인 "despatriarcar"라는 용어는 볼리비아의 사회운동가 마리아 갈린도María Galindo가 2013년에 출판한 에세이 《긴급 페미니즘: 탈가부장을 향하여!Feminismo Urgente: ¡A despatriarcar!》에서 유래한 표현으로 보입니다. 탈가부장을 이루지 못한다면 탈식민주의도 달성할 수 없음을 주장한 마리아 갈린도는 이 작품에서 현대 페미니즘이 실패한 원인을 역사적으로 분석했습니다.

18 킴벌리 크렌쇼가 말하는 상호교차성Intersection이란 자연적 혹은 생물학적인 분류가 아닌 인종, 젠더, 계급과 같은 사회적 분류가 서로 뗄 수 없이 긴밀하게 연결되어 있다는 이론입니다. Kimberle Crenshaw, "Demarginalizing the Intersection of Race and Sex: A Black Feminist Critique of Antidiscrimination Doctrine, Feminist Theory and Antiracist Politics", *The University of Chicago Legal Forum*, Vol. 140, (January 1, 1989), pp. 139-167.

19 서발턴subaltern은 권력으로부터 배제되거나 권력에 의해 억압받는 대상을 지칭하는 용어입니다.

20 에밀리아 파르도 바산의 아버지 호세 파르도 바산 이 모스케라는 스페인의 정치인이었는데, 그가 1869년에 국회의원으로 당선되자 그의 모든 가족은 마드리드로 거처를 옮겼습니다.

21 사바델Sabadell은 스페인 바르셀로나의 북쪽에 인접한 도시입니다.

22 포르투갈 북서부에 위치한 해안도시입니다.

23 후안 라몬 히메네스(Juan Ramón Jiménez, 1881~1958)는 스페인 안달루시아 출신 시인으로 1956년에 노벨문학상을 수상했습니다. 대표작으로 《플라테로와 나Platero y yo》(1917)가 있습니다.

230

24 세노비아 캄프루비는 스페인 사람이지만, 그의 어머니를 따라 어렸을 때부터 다른 나라로 여행을 종종 다녔습니다. 1905년 부모님의 별거 이후 그는 어머니와 함께 미국으로 떠났다가 1909년에 스페인으로 돌아왔습니다. 세노비아는 이후 남편이 될 후안 라몬 히메네스를 1913년의 한 강연회에서 만났습니다.

25 에우제비우 데 고르베아 렘미(Eusebio de Gorbea Lemmi, 1881~1948)는 스페인 마드리드 출신의 극작가입니다.

26 셀리아Celia는 엘레나 포르툰이 1929년에 출판한 《셀리아가 말하는 것Celia, lo que dice》을 시작으로 이어지는 아동문학 시리즈의 주인공입니다. 이 책을 필두로 《학교 다니는 셀리아Celia en el colegio》(1932), 《셀리아와 친구들Celia y sus amigos》(1935) 등의 작품이 출간됐습니다. 특히 《셀리아와 혁명Celia y la revolución》(1936)은 스페인 내전의 참상이 잘 드러나 있는 작품이라는 평가를 받고 있습니다. 엘레나 포르툰은 아르헨티나로 망명을 떠난 후에도 《셀리아, 아메리카의 교사Celia, institutriz en América》(1944)를 쓰며 시리즈를 이어나갔습니다.

27 1835년에 과학및문학아테네오Ateneo Científico y Literario라는 이름으로 세워져 스페인의 수많은 정치인들과 노벨상 수상자를 배출한 아카데미입니다. 현재는 마드리드아테네오 혹은 아테네오로 불립니다. https://www.ateneodemadrid.com/

28 콘차 에스피나(Concha Espina, 1869~1955). 본명은 콘셉시온 에스피나 이 타글레Concepción Espina y Tagle로 스페인 문단에서 큰 영향력을 발휘했던 98세대와 동시대에 활동한 작가입니다.

29 라몬 고메스 데 라 세르나(Ramón Gómez de la Serna, 1888~1963)는 스페인의 대표적인 전위주의 작가입니다.

30 호세피나 블랑코(Josefina Blanco, 1878~1957)는 19세기 말에서 20세기 초에 활동한 스페인 배우입니다.

31 라몬 델 바예-인클란(Ramón del Valle-Inclán, 1866~1936)은 미서 전쟁에서 패배한 이후 스페인 정치와 사회의 어두운 면을 고찰한 98세대 작가들 중 한 명으로, 그는 작품을 통해 에스페르펜토esperpento라는 독자적인 미학을 구축했습니다.

32 안누알Annual, الناظور은 모로코의 북서쪽에 위치한 지역입니다. 이곳에서 벌어진 1921년의 전투는 "안누알의 재앙"이라고도 불리는데, 당시 스페인령이었던 모로코의 안누알에서 마누엘 페르난데스 실베스트레 Manuel Fernández Silvestre가 지휘한 스페인 군대와 아브드 엘 크림Abd el Krim이 이끈 모로코 군대의 싸움을 말합니다. 이 전쟁으로 수많은 사상자가 나왔고, 전투가 벌어졌던 도시도 큰 피해를 입었습니다. Pablo La Porte, "El desastre de Annual, ¿un olvido historiográfico?", *Cuadernos de Historia Contemporánea*, núm. 19, 1997, pp. 223-229.

33 4세기 후반에 로마를 점령한 갈리시아 군대는 자신들이 도시를 떠나는 조건으로 로마 사람들에게 은괴를 요구했습니다. 그러나 그들이 요구한 보물의 양이 너무 많다고 생각한 로마 사람들이 갈리시아 인들이 저울로 속임수를 쓴다며 항의했습니다. 이 때 갈리시아 출신의 지도자 브레노는 자신의 칼을 뽑아 저울에 올려놓으며 "아, 이 패배자들아!Vae victis!"라고 말했습니다. 이는 패배자인 로마 사람들에게 금품을 부과하는 것은 전쟁에서 승리한 이들이며, 그들이 불평을 토로하고 있는 자신이 바로 승자들의 수장이므로 검의 무게를 더함으로써 갈리시아 쪽의 저울에 더 큰 힘을 실을 것임을 분명히 밝힌 것입니다. José María Sanz López, *Voces militares de las legiones romanas*, Ediciobes Áltera: Madrid, 2016.

34 아홉 명의 국회의원은 마르가리타 넬켄, 마리아 레하라가, 마틸데 데 라 토레, 베네란다 가르시아 블랑코, 프란시스카 보이가스, 빅토리아 켄트, 훌리아 알바레스 레사노, 돌로레스 이바루리, 빅토리아 우리베 라사입니다. 한편, 스페인 정부 공식 홈페이지의 자료에 따르면, 스페인의 현대 정치사는 카디스 의회(Cortes de Cádiz, 1810~1814)을 시작으로 자유주의 혁명 기간(Reacción y Revolución Liberal, 1814~1833), 섭정 기간(Período de Regencias, 1833~1843), 이사벨 2세 통치 기간(Reinado de Isabel II, 1843~1868), 혁명의 6년(Sexenio Revolucionario, 1868~1874), 복고왕정시대(Restauración, 1875~1923), 프리모 데 리베라 독재 정치와 왕정의 몰

락(Dictadura de Primo de Rivera y Caída de la Monarquía, 1923~1931), 제2공화국과 스페인 내전(II República y Guerra Civil, 1931~1939), 프랑코 시대(Régimen del general Franco, 1939~1975)를 거쳐 민주주의 이행과 민주 국가(Transición democrática y Democracia, 1975~)인 현재에 이릅니다. 1933년은 제2공화국 기간 중 제3대 국회가 시작된 해입니다. https://www.lamoncloa.gob.es/

35 로마니Romaní는 유럽에서 살아가는 인도계 유랑민 집시를 뜻합니다. 스페인왕립학술원 사전은 로마니를 다음과 같이 정의합니다: "집시 또는 그들의 언어에 속하거나 그와 관련된." https://dle.rae.es/?id=WdkWYEQ.

참고문헌

Amorós, *Celia, Tiempo de feminismo. Sobre feminismo, proyecto ilustrado y postmodernidad*, Cátedra, col. Feminismos, Madrid, 1997.

— (coord.), *Historia de la teoría feminista*, Madrid, Instituto de Investigaciones Feministas, Universidad Complutense de Madrid, Comunidad de Madrid, Dirección General de la Mujer, 1994.

— (dir.), *10 palabras clave la sobre mujer*, Editorial Verbo Divino, 4a ed., Navarra, 2002.

Antolín Villota, Luisa, *La mitad invisible. Género en la educación para el desarrollo*, ACSUR-Las Segovias, Madrid, 2003.

Augustín Puerta, Mercedes, *Feminismo: Identidad personal y lucha colectiva. Análisis del movimiento feminista español en los años 1975 a 1985*, Universidad de Granada, Granada, 2003.

bell hooks, *El feminismo es para todo el mundo*, Traficantes de sueños, Madrid, 2017.

Belli, Gioconda, *Apogeo*, Visor, Madrid, 1998.

Beltrán, Elena y Maquieira, Virginia (eds.), *Feminismos. Debates teóricos contemporáneos,* Alianza Editorial, Madrid, 2001.

Blanco Orujo, Oliva, *Olimpia de Gouges (1748-1793),* Ediciones del Orto, Biblioteca de Mujeres, Madrid, 2000.

Boix, Montserrat, Fraga, Cristina y Sendón de León, Victoria, *El viaje de las internautas. Una mirada de género a las nuevas tecnologías*, AMECO, Madrid, 2001.

Bosch, Esperanza, Ferrer, Victoria A., Riera, Teresa y Alberdi, Rosamaría, *Feminismo en las aulas*, Universitat de les Illes Balears, Palma, 2003.

— y Ferrer, Victoria A., *Historia de la misoginia*, Anthropos-UIB, Barcelona, 1999.

—, *La voz de las invisibles. Las víctimas de un mal amor que mata*, Cátedra, col. Feminismos, Madrid, 2002.

Bourdieu, Pierre, *La dominación masculina*, Anagrama, Barcelona, 2000.

Caballé, Anna (ed.), *Contando estrellas. Siglo XX. 1920-1960, La vida escrita por mujeres II*, Lumen, Barcelona, 2004.

—, *La pluma como espada. Del romanticismo al modernismo. La vida escrita por mujeres III*, Lumen, Barcelona, 2004.

Carrasco, Cristina (ed.), *Mujeres y economía. Nuevas perspectivas para viejos y nuevos problemas*, Icaria, 2a ed., Barcelona, 2003.

Cobo, Rosa, *Fundamentos del patriarcado moderno. Jean Jacques Rousseau*, Madrid, Cátedra, col. Feminismos, 1995.

Cruz, Jacqueline y Zecchi, Barbara (eds.), *La mujer en la España actual ¿Evolución o involución?*, Icaria, Barcelona, 2004.

Davies, Bronwyn, *Sapos y culebras y cuentos feministas. Los niños de preescolar y el género*, Cátedra, col. Feminismos, Madrid, 1994.

Davis, Angela, *Mujeres, raza y clase*, Akal, Madrid, 2005.

De Beauvoir, Simone, *El segundo sexo*, traducción de Pablo Palant, Ediciones Siglo Veinte, Buenos Aires, 1987.

De Miguel, Ana, *Alejandra Kollontai (1872-1952)*, Ediciones del Orto, Biblioteca de Mujeres, Madrid, 2001.

— y Romero, Rosalía, *Flora Tristán. Feminismo y socialismo. Antología*, Los libros de la Catarata, Madrid, 2003.

De Pizan, Christine, *La ciudad de las damas*, trad. Marie-José Lemarchand, Siruela, 2a ed., Madrid, 2001.

Domingo, Carmen, *Con voz y voto. Las mujeres y la política en España (1931-1945)*, Lumen, Barcelona, 2004.

Duby, Georges y Perrot, Michelle, *Historia de las mujeres*. Vol. 5, Siglo XX, Taurus, Madrid, 2000.

— y Perrot, Michelle, *Historia de las mujeres*. Vol. 4, Siglo XIX, Taurus, Madrid, 2000.

Escario, Pilar, Alberdi, Inés y López-Accotto, Ana Inés, *Lo personal es político. El movimiento feminista en la transición,* Instituto de la Mujer, Madrid, 1996.

Esteva de Llobet, Lola, *Christine de Pizan (1364-1430)*, Ediciones del Orto, Biblioteca de Mujeres, Madrid, 1999.

Etxebarria, Lucía y Núñez Puente, Sonia, *En brazos de la mujer fetiche*, Ediciones Destino, Barcelona, 2003.

Evans, Richard J., *Las feministas. Los movimientos de emancipación de la mujer en Europa, América y Australasia. (1840-1920)*, Siglo XXI, Madrid, 1980.

Faludi, Susan, *Reacción. La guerra no declarada contra la mujer moderna*, trad. de Francesc Roca, Anagrama, Barcelona, 1993.

Friedan, Betty, *La mística de la feminidad*, trad. Carlos R. de Dampierre, Ediciones Sagitario, Barcelona, 1965.

—, *Mi vida hasta ahora*, trad. de Magali Martínez, Cátedra, Col. Feminismos, Madrid, 2003.

Galeano, Eduardo, *Mujeres*, Alianza Cien, Madrid, 1995.

García Mouton, Pilar, *Cómo hablan las mujeres*, Arco Libros, Cuadernos de Lengua Española, Madrid, 1999.

George, Susan, *Informe Lugano*, Icaria, 4a ed., Madrid, 2001.

Greer, Germaine, *La mujer completa*, Kairós, 2a ed., Barcelona, 2001.

Hirata, H., Laborie, F., Le Doaré, H., SENOTIER, D., *Diccionario crítico del feminismo*, Editorial Síntesis, Madrid, 2002.

Hirigoyen Marie-France, *El acoso moral en el trabajo. Distinguir lo verdadero de lo falso*, Paidós, Barcelona, 2001.

Lafuente, Isaías, *Agrupémonos todas. La lucha de las españolas por la igualdad*, Aguilar, Madrid, 2003.

Lagarde, Marcela, *Género y feminismo. Desarrollo humano y democracia*, horas y HORAS, Madrid, 1997.

—, *Claves feministas para la autoestima de las mujeres*, horas y HORAS, Madrid, 2000.

Lerner, Gerda, *La creación del patriarcado,* Katakrah, Pamplona, 2017.

Librería de mujeres de Milán, *No creas tener derechos. La generación de la libertad femenina en las ideas y vivencias de un grupo de mujeres*, horas y HORAS, Madrid, 1991.

Lienas, Gemma, *El diario violeta de Carlota*, Alba Editorial, Barcelona, 2001.

Lledó Cunill, Eulàlia (coord.), *De mujeres y diccionarios. Evolución de lo femenino en la 22a edición del DRAE*, Instituto de la Mujer, Madrid, 2004.

Lomas, Carlos (comp.), *¿Todos los hombres son iguales? Identidades masculinas y cambios sociales*, Paidós, Barcelona, 2003.

López Díez, Pilar (ed.), *Manual de información en género*, Instituto Oficial de Radio y Televisión, Madrid, 2004.

López Pardina, Teresa, *Simone de Beauvoir (1908-1986)*, Ediciones del Orto, Biblioteca Filosófica, Madrid, 1999.

Martín Gaite, Carmen, *Después de todo. Poesía a rachas*, poesía Hiperión, Madrid, 2001.

Martínez Gutiérrez, Josebe, *Margarita Nelken (18961968)*, Ediciones del Orto, Biblioteca de Mujeres, Madrid, 1997.

Mastretta, Ángeles, *El cielo de los leones*, Seix Barral, Biblioteca Breve, Barcelona, 2004.

Mernissi, Fátima, *El harén en Occidente*, Espasa Calpe, Madrid, 2001.

Mill, John Stuart y Taylor, Harriet, *Ensayos sobre la igualdad sexual*, trad. de Carmen Martínez, Cátedra, col. Feminismos, Madrid, 2001.

Millett, Kate, *Política sexual*, trad. de Ana María Bravo, Cátedra, col. Feminismos, Madrid, 1995.

Miyares, Alicia, *Democracia feminista*, Cátedra, col. Feminismos, Madrid, 2003.

Nacer, Mende y Lewis, Damián, *Esclava*, Círculo de Lectores, cedido por Ediciones Temas de Hoy, Madrid, 2002.

Nash, Mary, *Mujeres en el mundo. Historia, retos y movimientos*, Alianza, Madrid, 2004.

Obligado, Clara, *Mujeres a contracorriente. La otra mitad de la historia*, Plaza & Janés, Barcelona, 2004.

Osborne, Raquel (coord.), *La violencia contra las mujeres. Realidad social y políticas públicas*, Universidad Nacional de Educación a Distancia, Madrid, 2001.

Posada, Luisa, *Celia Amorós, (1945-)* Ediciones del Orto, Biblioteca de Mujeres, Madrid, 2000.

Ramos, María Dolores, *Victoria Kent. (1892-1987)*, Ediciones del Orto, Biblioteca de Mujeres, Madrid, 1999.

Rich, Adrienne, *Nacemos de mujer. La maternidad como experiencia e institución*, Cátedra, Instituto de la Mujer, Madrid, 1996.

Rivière, Margarita, *El mundo según las mujeres*, Aguilar, Madrid, 2000.

Romero Pérez, Rosalía, *Amelia Valcárcel, (1949-)*, Ediciones del Orto, Biblioteca de Mujeres, Madrid, 2003.

Rowbotham, Sheila, *Feminismo y revolución*, Debate, Madrid, 1978.

Ruiz Franco, Rosario, *Mercedes Formica (1916)*, Ediciones del Orto, Biblioteca de Mujeres, Madrid, 1997.

Sansoni, Lydia y Simola, Magda, *La primera fue Lilith,* Libros Dogal, Madrid, 1978.

Sau, Victoria, *Reflexiones feministas para principios de siglo*, horas y HORAS, Madrid, 2000.

—, *Diccionario ideológico feminista,* vol. I, Icaria, 3a ed., Barcelona, 2000.

—, *Diccionario ideológico feminista,* vol. II, Icaria, Barcelona, 2001.

Sendón De León, Victoria, *Marcar las diferencias. Discursos feministas ante un nuevo siglo*, Icaria, Barcelona, 2002.

—, *Mujeres en la era global. Contra un patriarcado neoliberal*, Icaria, Barcelona, 2003.

Shiva, Vandana, *Abrazar la vida. Mujer, ecología y desarrollo*, horas y HORAS, Madrid, 1988.

Tristán, Flora, *Peregrinaciones de una paria*, trad. de E. Romero del Valle, Istmo, Madrid, 1986.

Utrera, Federico, *Memorias de Colombine. La primera periodista*, HMR, Madrid, 1998.

Valcárcel, Amelia, *Sexo y filosofía. Sobre mujer y poder,* Anthropos, Barcelona, 1994.

—, *Rebeldes. Hacia la paridad*, Plaza & Janés, Barcelona, 2000.

—, *La memoria colectiva y los retos del feminismo*, Naciones Unidas, Santiago de Chile, 2001.

—, *Ética para un mundo global. Una apuesta por el humanismo frente al fanatismo*, Temas de Hoy, Madrid, 2002.

Vidal Claramonte, Ma Carmen África (ed.), *La feminización de la cultura. Una aproximación interdisciplinar,* Centro de Arte de Salamanca, Argumentos, Salamanca, 2002.

Wolf, Naomi, *El mito de la belleza*, Emecé Editores, Barcelona, 1991.

Wollstonecraft, Mary, *Vindicación de los derechos de la mujer*, trad. de Carmen Martínez Gimeno, Cátedra, col. Feminismos, Madrid, 2000.